Cristales

Secretos de la sanación con cristales, minerales y piedras preciosas para principiantes

Tabla de contenidos

Introducción

El objetivo principal de este libro son los cristales, las piedras preciosas y los minerales que pueden utilizarse con fines curativos. Pueden sanar diferentes afecciones, pero muchas personas desconocen sus propiedades y su eficacia. Esta guía proporciona consejos y técnicas de sanación con cristales para ayudar a los principiantes a comprender todo lo que quieran saber sobre el tema.

Si está interesado en aprender sobre la sanación con cristales, debería leer este libro. Los cristales varían significativamente y tienen diferentes propiedades curativas que los hacen únicos. Antes de utilizar las piedras para la sanación, debe conocer su valor y propósito. Otros cristales pueden utilizarse para curar múltiples afecciones, mientras que algunos están destinados únicamente a casos especiales.

Este libro se diferencia de otros similares en el mercado en que es fácil de entender. Si es nuevo en el tema de la sanación con cristales, entonces este es el adecuado para usted. Es fácil de comprender y todos los términos utilizados se explican en un lenguaje sencillo. Si quiere descubrir algo nuevo sobre la sanación con cristales, lo cubrimos en este libro. Lo simplifica todo para facilitar la vida de los aspirantes a sanadores.

Este libro está bien documentado y no contiene ninguna de las informaciones genéricas que se pueden obtener en cualquier lugar de Internet. Está pensado específicamente para los principiantes con un gran interés en dominar el arte de la sanación con cristales. La literatura existente sobre este tema carece de profundidad, y este libro pretende específicamente llenar ese vacío.

Este libro es excelente para los principiantes. Explica todo lo que los sanadores con cristales pueden necesitar aprender antes de embarcarse en su viaje de sanación con cristales. Ofrece instrucciones prácticas que ayudan a los principiantes a dominar los diferentes componentes de este arte. Las instrucciones también son directas y fáciles de seguir. Puede aprender casi todo lo que hay que saber sobre la sanación con cristales sin consultar a un profesional.

Se dará cuenta de que todo el proceso es bastante sencillo *con la información adecuada*. Debería conseguir este libro hoy mismo si quiere comenzar a aprender cosas nuevas sobre la sanación con cristales, las piedras preciosas y los minerales. Le proporcionará experiencia práctica sobre todo lo que necesita saber para convertirse en un sanador profesional. También aprenderá a utilizar diferentes minerales y a comprender sus beneficios.

Capítulo 1: Cómo se crean los cristales

¿Se pregunta cómo se forman los cristales, los minerales y las piedras preciosas? Quizá le sorprenda descubrir que estas gemas y rocas no son tan diferentes entre sí. Este capítulo comienza definiendo los términos cristal, mineral y piedra preciosa, seguido de una explicación de cómo se forma cada uno de ellos. Se explica el proceso de cristalización y otros conceptos básicos de geología. La última parte trata de las redes, sistemas y familias de cristales.

¿Qué es un cristal?

Los cristales están formados por un conjunto establecido de átomos y moléculas. Se presentan en varios tamaños y formas, y cada componente tiene características diferentes. Los elementos que forman los cristales determinan su formación. Por ejemplo, los cristales hechos de sal forman cristales con forma de cubo. Otros proceden de elementos diferentes, lo que da lugar a la formación de diversas formas, como las que se observan en los rubíes y los diamantes. Algunos elementos pueden crear más de una forma. El carbono que se presenta en forma de diamantes se utiliza para tallar piedras preciosas, pero también lo utilizamos a diario en varios elementos de nuestro estilo de vida. El mayor propósito del uso del carbono es suministrar electricidad a diferentes lugares.

¿Cómo se crean los cristales?

Los cristales se forman en la naturaleza cuando las moléculas se juntan y comienzan a estabilizarse cuando el líquido comienza a enfriarse y endurecerse. Este proceso se denomina cristalización y se produce cuando el agua comienza a evaporarse de una mezcla natural o cuando el magma se endurece. Muchos cristales comienzan siendo pequeños, pero crecen cuando se unen más átomos, lo que crea un patrón repetitivo y uniforme. Los cristales vienen en varios colores y formas, y cada elemento tiene sus habilidades mágicas. Durante millones de años, los cristales brillantes, sedosos, blandos o duros se han utilizado con diferentes fines, proporcionando poderes curativos.

- Puede emprender un pequeño proyecto en su cocina si tiene curiosidad por aprender cómo se forman los cristales. Este sencillo método consiste en la cristalización de la sal o el azúcar utilizando agua corriente. Para realizar este experimento, siga estos pasos:

- Llene una sartén con agua y añada azúcar, y remuévalo todo lo que pueda. Cuando vea que el azúcar comienza a asentarse en el fondo y ya no se disuelve, el agua habrá absorbido todo lo que puede. En ese momento, habrá alcanzado el punto de saturación, que también se conoce como sobresaturación.

- Lleve la sartén a ebullición y añada más azúcar hasta alcanzar el nivel de sobresaturación.

- Retire la sartén del fuego y déjelo enfriar a temperatura ambiente. Verá que la cantidad de azúcar que el agua puede contener ahora vuelve a su nivel anterior. A medida que el exceso de azúcar salga de la solución, comenzará a cristalizar.

- Si quiere observar la formación de cristales, puede colocar una cuerda con un peso en el fondo de la solución de azúcar. El proceso de cristalización no es rápido, pero el uso de la cuerda puede ayudarle a observar algunos cambios. Cuando la solución alcance la temperatura ambiente, podrá observar los cristales de azúcar que cubren el cordel.

La evaporación del agua provoca la cristalización de la solución de azúcar. Este proceso hará que los átomos formados por la sal (el mineral) y el agua se acerquen entre sí o se mezclen. Al final, estos átomos formarán un grupo uniforme. Cuando los átomos se unen, forman una estructura visible. Los científicos suelen determinar el tipo de mineral que desean comprobando cómo se han formado los cristales.

Otros cristales, como los metales, las gemas y las pinturas fluorescentes, también se forman mediante procesos similares, como el azúcar, la sal y la formación de cristales de hielo. La mayoría de los minerales se presentan de forma natural en forma cristalina. Una cosa que debe saber es que se pueden hacer cristales de cualquier cosa.

Otra cosa que debe saber es que en la formación de todos los cristales no interviene necesariamente el agua. Otros cristales se forman en el carbono. Diferentes átomos se juntan y forman un grupo uniforme. El proceso puede durar desde unos pocos días hasta varios miles de años. Todos los cristales naturales que provienen de la Tierra se forman de la misma manera. Algunos cristales se formaron incluso hace más de un millón de años en la corteza terrestre. Se forman cuando la temperatura se enfría y el líquido del interior de la Tierra se consolida. Otros cristales se forman cuando el líquido se desplaza a través de las hendiduras, distribuyendo en ellas los minerales.

¿Qué es una piedra preciosa?

Las piedras preciosas son rocas, minerales o materias orgánicas que se eligen específicamente para fabricar joyas por su durabilidad, belleza y rareza. Los cristales se pueden cortar y pulir para hacer diferentes tipos de joyas. Aunque la mayoría de las piedras preciosas son duras, algunas son sorprendentemente frágiles y blandas.

Color de las piedras preciosas

Las piedras preciosas varían en su belleza, y muchas vienen en colores y matices impresionantes. La mayoría de las piedras preciosas son hermosas en su estado bruto, ya que parecen guijarros o rocas normales. Sin embargo, después de cortarlas y pulirlas, el brillo y el color se vuelven más claros. En la mayoría de los casos, la gente prefiere las piedras preciosas de tono medio, claras, intensas o de colores saturados.

El corte de las gemas

La forma en que se corta una gema natural realza considerablemente su belleza. Existen principalmente dos tipos de cortes de gemas, que son el cabujón y el facetado. La talla en cabujón consiste en una base plana y una parte superior redondeada, y se utiliza principalmente para gemas translúcidas u opacas. Hasta el siglo XIV, antes de que se introdujera el facetado, el cabujón era la única forma de cortar gemas. El facetado es el proceso de cortar una gema para realzar su belleza. Este método también ayuda a que la gema refleje más luz. El corte facetado consiste en varias superficies de corte planas con formas generales que pueden ser ovaladas, redondas, cuadradas u otras formas uniformes. Solo se pueden facetar las piedras preciosas más duras. Cuando se corta y pule una piedra preciosa, esta se convierte en una gema o joya.

Claridad de las piedras preciosas

Las piedras preciosas se crean bajo la superficie de la Tierra y pueden reflejar los rastros de otros minerales conocidos como inclusiones. Las inclusiones aparecen como imperfecciones o pequeñas manchas dentro de una piedra concreta. Cuando se analizan críticamente con un microscopio, las inclusiones pueden proporcionar detalles sobre el entorno geológico que muestran los orígenes del mineral y dónde se formó. Las inclusiones también ayudan a los geólogos a identificar las piedras preciosas y determinar si son sintéticas o naturales. Otros tipos de piedras preciosas, como las esmeraldas, suelen tener inclusiones, mientras que el topacio y la aguamarina tienen menos inclusiones o ninguna.

Quilates de las piedras preciosas

Las piedras preciosas se miden en quilates, donde cinco quilates equivalen a 1 gramo. Algunas gemas son más pesadas que otras, y esto depende del tipo. Por ejemplo, un rubí de un quilate es muy denso comparado con una esmeralda de un quilate. Otros tipos de gemas pueden tener un tamaño similar, pero su valor es muy diferente.

Proceso de formación de las piedras preciosas

Se calcula que la Tierra se creó hace unos 4.500 millones de años y está formada por múltiples capas. Las capas de la Tierra incluyen la corteza, que está a unos 40 kilómetros de profundidad, el manto y el núcleo, que es la parte interior. La mayoría de las piedras preciosas se forman de forma natural en el interior de la Tierra, y la mayoría de ellas son cristales. Como se ha señalado anteriormente, los cristales están formados por sólidos con átomos que se organizan en patrones repetitivos conocidos como sistemas cristalinos. Comprender la cristalización de los minerales y otros procesos geológicos implicados ayuda a determinar las propiedades de cada piedra preciosa.

La mayoría de las piedras preciosas se crean como minerales bajo diferentes condiciones en las rocas que se encuentran en la corteza terrestre. Unas pocas piedras preciosas se forman en el manto. La corteza terrestre está formada por tres tipos de rocas conocidas como metamórficas, ígneas y sedimentarias. Después de extraer las piedras preciosas de la corteza, se cortan y pulen para crear diferentes piezas de joyería. A continuación se describen las cuatro formas más comunes en que se forman las piedras preciosas.

- **Ígneas:** consisten en rubíes, diamantes, peridotos y zafiros, que se crean en las profundidades de la Tierra.

- **Metamórficas:** son piedras preciosas que se transforman como resultado de una intensa presión y calor. Entre las piedras preciosas formadas por metamorfismo se encuentran el zafiro, la espinela, el rubí y el granate, entre otras. El metamorfismo es un proceso que obliga a los minerales a unirse bajo una gran presión y calor causados por el movimiento de las placas tectónicas bajo la Tierra. Cuando los minerales se juntan, se metamorfosean para formar diferentes piedras preciosas.

- **Hidrotermales:** estas piedras preciosas se forman cuando se enfrían cuerpos de agua ricos en minerales.

- **Sedimentarias:** son piedras preciosas que se forman como resultado de que el agua deposita sedimentos en otras partes de la Tierra. Algunos ejemplos de piedras preciosas formadas por este método son el ópalo, la malaquita y la azurita.

¿Qué es un mineral?

Habrá oído hablar del término mineral, y este se forma cuando las rocas se calientan lo suficiente como para que los átomos de diferentes elementos se muevan y se unan en diferentes artículos. En otras palabras, un mineral es un compuesto químico o un elemento que es cristalino y que se ha creado como resultado de diversos procesos geológicos. Los minerales más comunes son el cuarzo, el talco, la calcita, los minerales de feldespato, el azufre y los minerales de arcilla, como la esmectita y la caolinita. Estos minerales tienen diferentes propiedades físicas que los distinguen unos de otros. Los minerales se utilizan principalmente para fabricar joyas de cerámica.

Propiedades de los minerales

Los minerales tienen diferentes composiciones químicas y constan de estructuras atómicas muy ordenadas. Se pueden utilizar varias propiedades físicas para identificar los minerales, como el brillo, la dureza, el clivaje y la veta. Por ejemplo, el talco puede rayarse fácilmente porque es muy blando, mientras que el cuarzo no puede rayarse fácilmente porque es muy duro.

Estructura del cristal

Una de las mejores maneras de distinguir entre los minerales es observar cuidadosamente las formas de los cristales de cada uno de ellos. Por ejemplo, el cristalino sólido consiste en un patrón de repetición ordenado de moléculas, átomos o hierros en las tres dimensiones. Hay un número limitado de formas de cristal disponibles en la naturaleza. Además, existen principalmente siete sistemas o grupos de cristales en los que se pueden encuadrar todos los cristales.

Rocas y minerales

Una roca puede definirse como un conjunto de minerales. No tiene por qué tener una composición química específica. Algunas rocas están formadas por un solo mineral, como la piedra caliza, una roca sedimentaria que comprende únicamente el mineral calcita.

Cristalización de minerales

La cristalización de los minerales es el proceso básico que conduce a la formación de los mismos. Existen principalmente cuatro requisitos para que se produzca la cristalización, que son la temperatura, los ingredientes, la presión y el tiempo. Sin embargo, la temperatura es el componente más importante que influye en la formación de minerales dentro de la Tierra. Como se observó en el experimento de la cristalización del azúcar anterior, se forman diferentes cristales a diferentes temperaturas dentro de la Tierra. Por ejemplo, el topacio se forma cuando se enfría un poco, mientras que el corindón se forma mientras la solución está todavía caliente.

Los cristales se forman a través de un proceso que ocurre con los cambios de temperatura y presión del fluido en algunos casos. Si los cristales obtienen suficiente espacio y tiempo para desarrollarse, crecerán hasta alcanzar diferentes formas geométricas. Los minerales se crean principalmente de tres maneras diferentes:

Fusión

La fusión es un proceso complejo en el que los minerales se forman a partir del magma, una roca líquida compuesta por varios elementos en forma de iones en movimiento. Cuando el magma asciende, se observa que tanto la temperatura como la presión disminuyen. El movimiento de los iones se ralentizará a medida que el magma se enfríe, lo que provocará la atracción de elementos compatibles. Este tipo de atracción será lo suficientemente fuerte como para que los iones se unan y formen partículas de composición similar, conocidas como minerales.

El enfriamiento continuado permitirá que las partículas se conviertan en minerales cristalinos entrelazados que darán lugar a la formación de la roca. La textura de la roca determina la historia de enfriamiento del magma. Si la temperatura o la presión descienden lentamente, el cristal será más grande, y si la temperatura cambia rápidamente, el cristal será más pequeño. Si el descenso de la temperatura es muy rápido, no se produce ninguna cristalización. El sólido producido es vidrio u obsidiana.

Si la presión se reduce rápidamente, los gases que se escapan crearán burbujas o vesículas en la roca. Esto puede convertirla en una espuma, conocida como escoria o piedra pómez. El pórfido es un tipo de roca que consiste en grandes granos minerales que están rodeados de minerales con granos más finos. Esto indicará que el mineral ha pasado por dos fases de enfriamiento diferentes.

Si la temperatura es alta, la solución puede mantener varios minerales en suspensión, pero los ingredientes sólidos caerán si la temperatura baja. Los cristales se formarán cuando ocurra este proceso. Diferentes minerales que se encuentran en la misma solución cristalizan a diferentes temperaturas. Por ejemplo, un Corindón cristaliza primero en la solución, seguido del topacio a medida que la temperatura se va enfriando. El cuarzo será el siguiente en formarse, por lo que una misma roca suele estar formada por varios minerales diferentes.

Solución

Se trata de un proceso sencillo en el que los iones de los minerales que se han disuelto en el líquido se precipitarán al disminuir la presión o la temperatura de la solución. Esto también puede ocurrir tras la reducción de la cantidad de líquido como resultado de la evaporación. La velocidad de la temperatura y el cambio de presión determinan la textura y el tamaño de los cristales formados. La cantidad de tiempo disponible determinará el tipo de cristales formados. El otro factor es el suministro disponible de materiales que determinará el tipo de cristales formados. Entre las diferentes formas de cristales que se forman a partir de soluciones se encuentran los depósitos de las cuevas, los evaporados, como el yeso y la halita, y las vetas y geodas revestidas de cristales.

Sublimación

La sublimación es un proceso químico en el que la materia puede cambiar directamente de estado sólido a gas sin pasar por la fase líquida. También puede cambiar directamente de gas a sólido sin pasar por el estado líquido. En términos de desarrollo de cristales, el cambio de gas a sólido desempeña una función crítica en el desarrollo de los cristales. Si la materia rica en minerales se sobrecalienta, el gas escapará de las cámaras profundas de la superficie y se liberará a la superficie a través de respiraderos, fumarolas y volcanes.

Los rápidos descensos de temperatura y presión darán lugar a la formación de minerales alrededor de las aberturas volcánicas e hidrotermales. Algunos ejemplos de minerales formados debido al proceso de sublimación son la cristobalita y el azufre. La escarcha en la ventana y los copos de nieve son otros tipos de cristales que se desarrollan como resultado de la sublimación.

Redes cristalinas, sistemas y familias

Los términos familia de cristales, sistema de cristales y red de cristales se refieren a una de las diferentes clases de grupos puntuales, grupos espaciales y cristales de red. Si dos cristales tienen simetrías similares, se dice que pertenecen al mismo sistema cristalino. Sin embargo, también hay excepciones a esta proposición. Los sistemas de red, los sistemas de cristales y las familias de cristales son similares, aunque son ligeramente diferentes, lo que lleva a la confusión entre ellos. El término sistema cristalino suele utilizarse indistintamente para referirse a la familia de cristales de los sistemas reticulares. Del mismo modo, el sistema de red romboédrica se confunde a menudo con el sistema cristalino trigonal. A continuación se ofrece una explicación de cada término.

Sistema de red cristalina

Esta clase consiste en redes cristalinas que pertenecen al mismo grupo de puntos. Hay siete sistemas de red que pertenecen a tres dimensiones: monoclínico, triclínico, ortorrómbico, romboédrico, hexagonal, tetragonal y cúbico. El sistema de red cristalina de un grupo espacial o cristalino viene determinado por la red, pero no necesariamente por el grupo puntual.

Crystal System

cubic — diamond

tetragonal — zircon — hexagonal — apatite

trigonal — quartz — orthorhombic — topaz

triclinic — feldspar — monoclinic — kunzite

Sistema de cristales

Se trata de una clase de grupos puntuales. Si los posibles conjuntos de sistemas de red dentro de los grupos espaciales son los mismos, entonces dos grupos puntuales se situarán en el mismo sistema cristalino. En el caso de varios grupos puntuales, por lo general, hay un sistema de red posible. En este caso, el sistema cristalino correspondiente al sistema de red recibirá el mismo nombre. Sin embargo, existe la posibilidad de que haya dos sistemas de red en grupos de cinco puntos en la clase de cristal trigonal. El sistema cristalino de un espacio o grupo cristalino específico está determinado por el grupo de puntos y no siempre por su red cristalina.

Familia de cristales

Implica a los grupos de puntos y está formada por una combinación de sistemas cristalinos en la que dos de estos sistemas cristalinos están formados por grupos espaciales que tienen la misma red cristalina. Se puede observar que una familia de cristales se parece casi al sistema de cristales o al sistema de red cristalina en tres dimensiones. La única diferencia es que los sistemas cristalinos trigonal y hexagonal se mezclan en una familia hexagonal. Existen seis familias de cristales en tres dimensiones: ortorrómbica, triclínica, tetragonal, monoclínica, cúbica y hexagonal. La red o el grupo de puntos determinan el grupo espacial o la familia de cristales. Hay que tener en cuenta que las familias de cristales constituyen las colecciones más pequeñas en grupos de puntos.

La formación de los cristales es compleja, ya que se crean de muchas maneras. Para que se produzca la cristalización deben darse diferentes condiciones. Los cristales son el resultado de las fuerzas energéticas de la naturaleza que conducen a la creación de un conjunto uniforme formado por diferentes átomos. Con el tiempo, los átomos se unirán y formarán algo sólido y tangible. En cuanto a las propiedades curativas, se puede observar que cada cristal tiene una frecuencia de vibración única. Esto juega un papel importante a la hora de determinar cómo los cristales limpian los bloqueos en los chakras. Varios cristales también nos ayudan a elevar nuestras frecuencias para alcanzar un mayor rendimiento espiritual. El siguiente capítulo trata sobre cómo los cristales pueden sanar.

Capítulo 2: ¿Cómo sanan los cristales?

Ahora que tiene una idea de cómo se crean los cristales, hablaremos de su lado metafísico, específicamente de sus capacidades curativas. Para ser claros, los cristales no funcionan como mucha gente cree. No curan enfermedades. Por ejemplo, algunas personas creen que llevar un cristal consigo puede ayudar a protegerle del COVID-19 u otras enfermedades. Eso no es cierto. Dependerían de los cristales para sanar las dolencias en lugar de buscar atención médica.

Dicho esto, los cristales ayudan, pero a su manera. Aunque no curan enfermedades, los cristales tienen diferentes propiedades curativas. Se centran principalmente en las energías. Los cristales permiten que las energías positivas entren en su cuerpo y ayudan a eliminar las negativas canalizando sus niveles de energía para sanar su cuerpo. Además, los cristales tienen frecuencias y vibraciones únicas debido a su composición molecular. Las vibraciones emitidas por los cristales pueden tener un gran impacto en su salud mental y bienestar general. Pueden ayudar a elevar su estado de ánimo y mejorar su salud. Piense en los cristales como en imanes que absorben la energía tóxica de su cuerpo y atraen las vibraciones positivas.

Los cristales provienen de la naturaleza y llevan energías naturales y curativas de los océanos, la luna y el sol que pueden ayudar a mejorar nuestro bienestar. Sostener un cristal o colocarlo sobre el cuerpo abre los chakras, lo que puede ayudar a influir positivamente en la salud física y mental. Los cristales también pueden purificar el espíritu, el cuerpo y las emociones. Además, si se utilizan correctamente, pueden ayudarle a ser más creativo y centrado.

Como seres humanos, todos tenemos habilidades curativas, y las vibraciones emitidas por los cristales pueden ayudar a aumentar esas habilidades. Además, los cristales también pueden ayudar con problemas médicos al inducir un efecto placebo. Aunque hay personas que son escépticas con respecto al efecto placebo, se han realizado muchas investigaciones sobre el tema y se ha demostrado que es real y efectivo.

Cada cristal es diferente, y cada uno tiene su energía y habilidades únicas. Si quiere cosechar los beneficios de sus cristales, entonces necesita aprender a programarlos y cargarlos usando sus intenciones. Cargar los cristales le ayudará a alinear sus intenciones o deseos con sus vibraciones. En pocas palabras, es como adaptar los cristales a sus propias necesidades.

Los cristales pueden almacenar energía, y pueden transferirnos estas energías. Sin embargo, ¿qué tipo de energía quiere que se le transfiera? Necesitará cargar los cristales con el tipo de energía que necesita. Programar sus cristales es muy parecido a programar cualquier dispositivo, y usted les está dando una orden o un trabajo que hacer. Está personalizando sus cristales de acuerdo con sus necesidades para que puedan darle los resultados que desea. Además de eso, establecer sus intenciones y cargar sus cristales le ayudará a autorreflexionar y a conectarse consigo mismo.

Antes de establecer sus intenciones o cargar sus cristales, lo primero que debe hacer es purificarlos de cualquier energía extraña o no deseada que puedan haber acumulado en el pasado. Al igual que cuando compra una camisa nueva, sabe que existe la posibilidad de que otras personas se la hayan probado, así que, para estar seguro, la lava antes de ponérsela. Hay varias formas de limpiar sus cristales. Puede utilizar agua corriente o agua salada, salvia, luz natural, ejercicios de respiración o visualización.

Cuando termine de limpiar su cristal, tendrá que conectar su energía con él. Puede hacerlo sosteniendo el cristal y sintiendo cómo se siente. El intercambio de energía con su cristal le ayudará a crear una conexión más profunda y un vínculo entre los dos. Prepárese para recibir la energía del cristal con el corazón y la mente abiertos. Ahora que ha conectado con su cristal, puede comenzar a establecer su intención de programarlo. Puede hacerlo utilizando varios métodos. No hay un método correcto o incorrecto. Simplemente encuentre el que le resulte más cómodo. Puede intentar meditar mientras sostiene su cristal, visualizar su intención mientras sostiene el cristal, o simplemente puede decir cuáles son sus intenciones en voz alta mientras lo sostiene.

Los beneficios curativos de los cristales

Cada cristal tiene sus beneficios basados en su composición, color, forma, frecuencia y sonido.

• La composición del cristal

La composición de un cristal juega un papel muy importante en sus propiedades curativas, ya que cada cristal contiene minerales que pueden ayudar con ciertas dolencias mentales y físicas. Por ejemplo, el cristal de calcita contiene minerales como el calcio que puede ayudar con varios problemas del esqueleto. La calcita puede fortalecer las articulaciones, ayudar a que los huesos rotos se curen más rápido y mejorar el sistema óseo en general. Otro ejemplo es el cristal de amatista, que contiene hierro, considerado uno de los minerales más beneficiosos para el organismo. La amatista puede ayudar a las personas que padecen anemia y mejorar su sistema inmunológico. Conocer de antemano la composición de cada cristal le ayudará a elegir el adecuado para sus necesidades.

• Los colores del cristal

El color es otra cosa que debe considerar al elegir el cristal adecuado para usted. Puede pensar que el color de un cristal es solo para la estética, pero en realidad juega un papel más importante. No se puede negar que el color de un cristal es una parte de su atractivo, pero cada color proporciona propiedades únicas y curativas. Por ejemplo, los cristales blancos o claros, como la piedra de luna, el cuarzo claro o la selenita, pueden proporcionarle tranquilidad y purificar el espacio en el que se encuentran.

Los cristales rosas, como el ópalo rosa, el cuarzo rosa y la rodonita, se ocupan más de las cuestiones emocionales y del corazón. Promueven el amor propio, el perdón y la sanación emocional. Los cristales azules, como la aguamarina, la azurita y el larimar, se consideran unos de los cristales más poderosos. Mejoran su capacidad de comunicación, le mantienen en calma y le permiten expresarse con claridad y honestidad.

Los cristales también desempeñan un gran papel en la activación y apertura de sus 7 chakras. Conocer los beneficios de cada color de cristal le ayudará a elegir el adecuado para desbloquear su chakra. Por ejemplo, si necesita desbloquear su chakra del corazón, entonces tendrá que optar por un cristal rosa, ya que el rosa es el color de este chakra.

- **Formas**

También debe prestar atención a la forma del cristal. Al igual que los cristales vienen en diferentes colores, también vienen en diferentes formas como puntos, esferas y pirámides. La forma del cristal puede ayudarle a tener una mejor experiencia al amplificar su intención. Por ejemplo, los cristales en forma de pirámide pueden ayudar a manifestar cualquier cosa que desee. La parte superior de la pirámide enviará ese mensaje al universo cuando establezca sus intenciones.

Los cristales en forma de esfera le proporcionarán una vibración zen, por lo que son perfectos para usarlos cuando medite. También le ayudarán a sentirse conectado con todo lo que le rodea y con las energías que estas cosas emiten. Otra forma es la de punta de cristal, que le ayudará a mantener la concentración y la agudeza. Esta forma también es tan poderosa que puede ayudar a manifestar sus intenciones.

- **Frecuencia**

Cada cristal vibra a una frecuencia diferente y es piezoeléctrico. Algunos cristales pueden incluso emitir una carga eléctrica real como el cristal de shungita. Este cristal puede protegerle de las emisiones de los campos electromagnéticos. Es importante saber que no todos los cristales vibran a la misma frecuencia. Aprender sobre cada cristal y su frecuencia puede ayudarle a encontrar el adecuado para usted.

- **Sonido**

Los cristales pueden generar diferentes sonidos que también tienen propiedades curativas. Por ejemplo, los cuencos tibetanos pueden ayudar a equilibrar su chakra, reducir la ansiedad y el estrés, mejorar el sistema inmunológico, reducir la presión arterial, proporcionarle claridad emocional y ayudarle a sentirse relajado.

Todos tenemos distintas necesidades y debemos optar por el cristal que nos ayude a satisfacerlas. Hay muchos cristales en el mercado que tienen diferentes formas y colores. Puede ser tentador elegir un cristal únicamente por su color, ignorando los beneficios curativos que cada color proporciona. Sin embargo, es mejor aprender cómo las diferentes cualidades de los cristales pueden beneficiarle y tomar una decisión informada basada en sus circunstancias.

Cómo elegir y utilizar los cristales

Ahora que ha aprendido cómo funcionan los cristales y proporcionan diferentes capacidades curativas según sus propiedades, hablaremos de cómo debe elegir y utilizar los cristales. Al comprar un cristal, es posible que se sienta abrumado por la gran cantidad de opciones que hay en el mercado. Además, comprar cristales no es tan sencillo como comprar un par de zapatos. Necesita sentirse conectado con el cristal en diferentes niveles antes de llevárselo a casa.

Cómo elegir el cristal apropiado para usted

El universo puede ayudarle a encontrar el cristal adecuado para usted, y todo lo que tiene que hacer es pedirlo. Pida al universo que le guíe y elija el cristal que el universo le indique. Deje sus juicios en la puerta y esté preparado para recibir cualquier cristal que el universo ponga en su camino. Además, cuando compre un cristal, también tendrá que tocarlo para ver cómo reacciona físicamente ante él. Utilice su mano no dominante, toque los cristales y observe cómo se siente. Puede que se sienta atraído por uno de ellos. Opte por lo que más le guste. Por último, pero no menos importante, elija la piedra en función de sus propiedades curativas.

Utilizar los cristales

Después de encontrar el cristal adecuado para usted, debe saber cómo utilizarlo para poder beneficiarse realmente de todas sus capacidades curativas. Después de comprar un cristal, lo primero que debe hacer es limpiarlo. Luego debe programarlo estando seguro de sus intenciones. Acuérdese de dar las gracias tres veces después de establecer su intención. Practicar la gratitud demuestra que lo que espera ya está ahí y que está seguro de que lo recibirá.

Para conectar con su piedra y beneficiarse de su energía y poder curativo, tendrá que mantenerla cerca para tocarla. La mejor manera de conseguirlo es llevando su cristal. Por suerte para usted, esto será muy fácil porque los cristales se incorporan a muchas cosas ahora, como ropa, joyas e incluso productos de belleza. Así, por ejemplo, si quiere llevar su cristal todo el tiempo, puede comprarlo unido a un simple collar o anillo. Algunas mujeres se ponen un cristal en el sujetador y dejan que haga su magia. Elija lo que más le convenga.

Si no le gusta llevar joyas o no encuentra una forma práctica de llevar su cristal, puede simplemente guardarlo en su bolso o bolsillo. Sáquelo cada vez que pueda para que le ayude a centrarse o a mantener la concentración en su intención.

La meditación puede ayudarle a establecer sus intenciones y a conectarse con su cristal. Para beneficiarse de sus capacidades curativas, necesitará sostenerlo mientras medita. Sostenga el cristal, cierre los ojos, respire lenta y profundamente y manténgase concentrado en su respiración. Meditar mientras sostiene su cristal le ayudará a conectarse consigo mismo. También puede colocar los cristales en su cuerpo. Puede poner la piedra en la parte de su cuerpo que necesite sanación. Por ejemplo, si tiene problemas emocionales, puede colocar un ópalo rosa junto al chakra del corazón. Para que esto funcione, debe estar acostado e inhalar y exhalar lentamente. También puede bañarse con sus cristales echando un par en la bañera. Eso sí, algunos cristales no se pueden poner en el agua, como el ópalo, la piedra lunar, el ámbar, el lapislázuli, el rubí y la aguamarina.

Los cristales también pueden formar parte de su diseño interior. Son bonitos y vienen en formas y colores atractivos, por lo que pueden incorporarse fácilmente a su decoración y harán que sus habitaciones destaquen. Ponga unos cuantos cristales en cada habitación e incluso en su escritorio en el trabajo. Puede optar por cristales grandes para habitaciones más grandes, y como vienen en diferentes formas, colores y tamaños, tendrá muchas opciones para elegir.

Al igual que en la meditación, también puede utilizar los cristales mientras practica el yoga para ayudar a crear un ambiente zen. Puede colocarlos en su esterilla de yoga o en su cuerpo. Los cristales deben incorporarse a su rutina diaria. Cuanto más los utilice, más rápido podrá sanarse, así que asegúrese de tener siempre sus cristales a mano.

Cómo utilizaban los cristales los ancestros

Los cristales son muy populares en la actualidad, por lo que puede pensar que son una nueva tendencia o que sus beneficios acaban de ser descubiertos. Sin embargo, el uso de cristales curativos no es nuevo. Los cristales se han utilizado durante siglos. Las culturas antiguas siempre han sido conscientes de los muchos beneficios de estas piedras. Incluso creían que venían del cielo.

No es una exageración decir que casi todas las civilizaciones antiguas utilizaban cristales. Al principio, los cristales se utilizaban únicamente por sus propiedades curativas, pero poco a poco se incorporaron también a diversas culturas espirituales. La primera cultura que utilizó los cristales fueron los sumerios de la civilización mesopotámica. Creían que los cristales podían proporcionarles protección, por lo que los almacenaban en lugares sagrados para garantizar su seguridad. En aquella época, los cristales solo se utilizaban durante las ceremonias religiosas.

Los antiguos griegos fueron los que dieron a los cristales los nombres que todos usamos hoy. Los cristales eran muy importantes para los griegos y los importaban de todo el mundo. Creían que los cristales tenían muchas propiedades únicas. Por ejemplo, llevaban un cristal de amatista para evitar la intoxicación y, hasta hoy, la gente sigue asociando esta piedra con la superación de la adicción. También creían que el cristal de hematita les haría invulnerables, por lo que los soldados solían frotarlos por todo el cuerpo antes de la batalla.

El cristal de zafiro, que muchos conocemos, era considerado por los griegos un símbolo de pureza y sabiduría. Los reyes y los sacerdotes solían llevarlo. Los antiguos egipcios y chinos también creían en las propiedades curativas y protectoras de los cristales. Por ejemplo, los antiguos chinos creían que el cristal de jade curaría sus órganos, y hasta el día de hoy, el jade se sigue considerando un cristal curativo.

Una de las piedras más populares en el antiguo Egipto era la esmeralda. Se consideraba sagrada y se asociaba con la inmortalidad y la fertilidad. Los antiguos egipcios también utilizaban las piedras en diversos rituales. Por ejemplo, cuando enterraban a sus muertos, colocaban cristales de cuarzo en la frente del difunto porque creían que estas piedras les guiarían en la otra vida. Los sacerdotes y faraones también utilizaban la piedra de cuarzo para equilibrar su energía. Otra piedra popular en el antiguo Egipto era el lapislázuli. Creían que esta piedra aportaba conciencia e iluminación. Por esta razón, la piedra fue favorecida por muchas mujeres de la realeza como la reina Cleopatra.

Los antiguos romanos también utilizaban cristales y los llevaban como amuletos porque creían que atraían la fortuna y la buena salud. También utilizaban los cristales para protegerse en las batallas. Los cristales también eran populares entre los antiguos japoneses. Los usaban para conectarse con la energía psíquica o para usar bolas de cristal para ver los acontecimientos futuros. Probablemente haya visto la bola de cristal en varias películas y dibujos animados en los que un mago se sentaba delante de la bola para ver el futuro.

Los antiguos indios probablemente utilizaban los cristales más que cualquier otra cultura del mundo. No solo creían en los poderes curativos de estas piedras, sino que también creían que anulaban los efectos del karma. Los budistas tibetanos también creían en las propiedades curativas de los cristales y los utilizaban para meditar. Consideraban que el cristal de cuarzo era sagrado y lo utilizaban para conectar con su poder superior y ayudarles a calmar su mente. También utilizaban el lapislázuli como medicina y meditación porque creían que podía mejorar su salud y ayudar a sanar su cuerpo, mente y espíritu. Los antiguos incas también creían que los cristales eran sagrados, que ayudarían a diagnosticar enfermedades y que se utilizaban en prácticas de adivinación.

En este momento están pasando muchas cosas en nuestro mundo. Desde la pandemia, la mayoría de nosotros nos sentimos asustados, ansiosos, estresados, desequilibrados o incluso deprimidos. No hay mejor momento que este para dar una oportunidad a los poderes curativos de los cristales. Nuestros cuerpos, espíritus y mentes necesitan curación, y nuestro equilibrio necesita ser restaurado.

Los cristales vienen en diferentes formas, colores, sonidos, vibraciones y formas. Cada cualidad proporciona su propia propiedad curativa única. Al igual que tus necesidades y deseos son únicos, los cristales también lo son. Encuentra uno que pueda satisfacer estas necesidades. Su nuevo cristal va a ser su nuevo mejor amigo, el que le ayudará a curarse y le guiará. Concéntrese en conectar con su cristal y hágale saber lo que espera de él. Luego observa cómo realiza su magia. Hay una razón por la que los cristales se han utilizado durante miles de años, y su popularidad nunca se ha desvanecido ni ha disminuido.

Es importante tener en cuenta que, aunque los cristales pueden proporcionarle muchas propiedades curativas, no son un sustituto de la medicación o la cirugía. Sin embargo, pueden ayudar a facilitar su sanación.

Capítulo 3: Teoría de la sanación energética

Muchas culturas han practicado las técnicas de sanación energética. Aunque hay diferentes nombres para la energía, las ideologías de la medicina energética son todas bastante similares. Los sanadores tradicionales de todo el mundo creen que el cuerpo se asemeja a un sistema único de energía que está conectado con todo en el universo. Hoy en día, muchos profesionales de la medicina están comenzando a creer en el poder de la medicina energética debido a su eficacia y a la ausencia de efectos secundarios. En este capítulo se hablará de la energía en diferentes culturas y de las diferentes técnicas utilizadas en la sanación energética.

¿Qué es la sanación energética?

La sanación energética gira en torno a la idea de que el cuerpo tiene un campo de energía que lo rodea. Las culturas antiguas creían que cuando una persona experimenta una dolencia mental, espiritual o física, es el resultado directo de una energía bloqueada en el cuerpo. Las técnicas de la medicina tradicional consisten en facilitar el flujo de energía en todo el cuerpo. Mientras que la medicina moderna se ocupa de tratar los síntomas o la dolencia en sí, la medicina energética se centra en la sanación del cuerpo como una unidad completa para promover el bienestar físico, mental y espiritual.

Qi

En la medicina tradicional china, el qi o chi es la energía vital que fluye a través de todas las entidades del universo. Es la fuerza que conecta todo, lo vivo y lo no vivo. El qi puede clasificarse en dos tipos: el tipo de energía que entra en nuestro cuerpo, como los alimentos, el agua e incluso el aire que respiramos. Y luego está el otro tipo, que representa nuestra propia energía interior que existe de forma natural en nuestro cuerpo. Cuando una persona muere, esta energía se libera al universo. Cuando esta energía se bloquea, la persona puede experimentar algún tipo de enfermedad.

Alcanzar el equilibrio es el concepto central de la Medicina Tradicional China y de la curación energética en su conjunto. La idea de nuestra energía vital o qi va de la mano con la idea del yin y el yang. El yin es el lado más oscuro del qi, que representa la noche, el frío, la calma, la tierra, la luna y la humedad, mientras que el yang es el lado más brillante del qi, que representa el día, el calor, la energía, la actividad y la sequedad, el sol y el cielo. Ambas fuerzas existen juntas, y cuando están en perfecta armonía, se experimenta salud y bienestar en todos los aspectos de la vida.

El qi también debe estar perfectamente equilibrado para promover un cuerpo y una mente sanos. Dependiendo del tipo de desequilibrio, ya sea un exceso o una deficiencia de qi, cada persona experimenta diferentes síntomas. Hay muchos tipos de técnicas de sanación energética que pueden ayudar a restablecer el equilibrio del qi, que se tratarán más adelante en este capítulo.

Cuando una persona experimenta insomnio o pérdida de apetito, no tiene acceso a agua limpia, respira aire contaminado o carece de interacción social, se produce una deficiencia de qi. Por otro lado, un exceso de qi provoca estrés, ansiedad, emociones negativas, hábitos alimenticios poco saludables y, a veces, incluso hiperactividad.

Cuando una persona puede equilibrar todos los tipos de qi, podrá deshacerse de sus síntomas y alcanzar el bienestar. El qi parental se adquiere de los padres y se acumula en los riñones. El qi pectoral se acumula en el pecho y se libera cuando respiramos. El qi nutricional procede de los alimentos que ingerimos y circula por nuestro cuerpo en forma de nutrición. El qi defensivo también procede de los alimentos, pero se dedica a proteger nuestro cuerpo de las enfermedades.

El qi se clasifica además en cinco funciones diferentes en nuestro cuerpo. La primera función tiene que ver con el mantenimiento de la temperatura corporal. Cuando el qi es deficiente, la temperatura del cuerpo disminuye y la persona experimenta manos y pies fríos. La segunda función es la actuación, que incluye las funciones físicas cuerpo responsable del crecimiento y el desarrollo. La tercera función se refiere a la lucha contra las sustancias extrañas, como los virus y las bacterias, que causan enfermedades en el cuerpo. La cuarta función garantiza que los órganos y los fluidos corporales del cuerpo permanezcan intactos. Esta función se refiere a la circulación de la sangre y garantiza el buen funcionamiento de los vasos sanguíneos sin que se produzcan fugas de fluidos vitales. Otros fluidos que contiene el qi son la saliva, la sangre y el sudor. La última función consiste en absorber los nutrientes de los alimentos y el aire a través de la respiración y transformarlos en sustancias vitales que el cuerpo necesita.

Prana

En las tradiciones ayurvédica, hindú y yóguica, el prana es la energía universal que fluye dentro y alrededor de nosotros. Cuando se familiarice con el concepto de prana, podrá sentirlo más fácilmente. Una vez que se conecta con el prana, puede conectarse con su verdadero ser y con el universo. Es la energía que fluye a través de los canales de nuestro cuerpo, que se llaman nadis. Las conexiones a través de estos canales se asemejan a la red de nuestro sistema nervioso central. En otras culturas y religiones se habla del prana como la energía vital o el alma del cuerpo humano. Se define como la fuerza respiratoria dentro de nuestro cuerpo, aunque no significa la respiración en sí misma. Diferentes tradiciones y culturas han clasificado el prana en cinco o más tipos. Estos tipos se refieren a la energía corporal que se mueve hacia dentro, hacia fuera, hacia arriba y hacia abajo y a las energías que residen en determinados órganos o partes del cuerpo.

El prana está vinculado a la divinidad, ya que no solo se considera energía, sino también la fuente de creación de todo lo que nos rodea. Se cree que nuestra existencia, incluido el universo y todos los seres vivos, se manifiesta mediante el prana. El sánscrito tiene un término llamado "kundalini shakti", que significa el *poder de la serpiente*. Se refiere al poder subyacente que todos poseemos en la base de la columna vertebral. Este poder latente solo puede despertarse mediante la meditación y las técnicas de curación energética. Despertar el prana es la forma definitiva de estar en sintonía con uno mismo y con el universo, y la clave para una vida equilibrada.

Cuando se trata del aspecto universal del prana, se divide en dos categorías principales, que son la no manifiesta y la manifiesta. El primer tipo implica la conciencia total y la unidad de la energía de una persona con el universo, y el segundo tipo es la fuente creativa divina del universo. El prana manifiesto procede del prana no manifiesto o "devatma shakti", y juntos forman todo el universo.

Veamos la presencia del prana en la naturaleza. Cuando los antiguos practicantes de yoga estudiaron por primera vez la naturaleza, la asociaron con tres cualidades principales: armonía, movimiento e inercia. La armonía se relaciona con la energía de la mente, el movimiento con las vías del prana y la inercia con la energía física. El prana se asemeja al aire que respiramos, que se correlaciona sutilmente con nuestro sentido del tacto. En las técnicas de sanación pránica, los practicantes utilizan sus manos para transmitir energía positiva a otra persona o recibir esta energía del universo. A través de este canal de energía vital, somos capaces de sentirnos vivos y conectar con los demás y con el universo.

Nuestro cuerpo consta de cinco envolturas o "koshas". Annamaya kosha significa la envoltura del alimento y se refiere al cuerpo físico y a nuestra alimentación. Manomaya kosha es la envoltura mental que comprende las cinco impresiones sensoriales de la mente. Vijnanamaya kosha es la envoltura de las ideas o la inteligencia. Anandamaya kosha es la envoltura de las experiencias y consiste en nuestra memoria y mente inconsciente. Pranamaya kosha es la envoltura de la respiración, que se considera el cuerpo vital que comprende cinco pranas.

Pranayama kosha se refiere al cuerpo vital o fuerzas del aire, que actúa como puente entre el cuerpo (annamaya kosha) y las tres envolturas mentales (manomaya kosha, vijnanamaya kosha y anandamaya kosha). Por eso se le llama envoltura vital o energía vital. Domina nuestra existencia y es esencial para nuestra supervivencia.

Hay cinco pranas, que son apana vayu, vyana vayu, prana vayu, samana vayu y udana vayu. Prana vayu se refiere al aire que se mueve hacia el interior, ya que abarca la energía receptiva como el aire o los alimentos que entran en nuestro cuerpo y las impresiones sensoriales de nuestras experiencias vitales. Apana vayu se refiere al aire que se mueve hacia abajo y se aleja del cuerpo, e implica la eliminación de gases, fluidos, productos de desecho y cualquier otra sustancia del cuerpo.

Udana vayu se refiere al aire que se mueve hacia arriba y se refiere a los movimientos de transformación en el cuerpo. Se asemeja a la fuerza y la capacidad del cuerpo para crecer o hablar hacia arriba y se considera nuestra principal fuente de energía positiva. Samana vayu se refiere al movimiento central del aire, y gobierna la correcta digestión, la respiración y la expresión emocional y mental. Esta energía central ayuda a procesar cualquier energía recibida de los alimentos, el aire o las interacciones con las personas y el mundo. Vyana vayu es el movimiento exterior del aire, que mueve la energía desde el centro a todas las partes y órganos del cuerpo.

El aura y los cuerpos sutiles

Además de nuestra estructura física, también poseemos algo que se denomina estructura o cuerpo sutil. Este cuerpo sutil se denomina a veces aura o vibración de la persona. Quizá recuerde la expresión *"esta persona ilumina toda la habitación"*. Se refiere a la energía positiva que exuda esa persona, que aporta un buen efecto a una habitación con su mera presencia. Como hemos mencionado anteriormente, el cuerpo está conectado a través de canales o nadis que permiten que la energía fluya por todo el cuerpo. Estos nadis se derivan de un canal central, dos subcanales y miles de ramas más pequeñas. Los dos subcanales son los canales del sol y de la luna.

El canal solar se encuentra en el lado derecho de la espalda. Este canal comprende las energías activas o calientes que se asemejan a emociones como la ira, el odio, los celos y el aislamiento. Estas emociones se caracterizan por ser emociones calientes relacionadas con el sol. Cuando exhala, la dirección descendente de la energía pasa por el canal del sol. Como resultado, experimentará la sensación de aislamiento o exclusión de los demás. En otras palabras, se sentirá desconectado. Algunas personas creen que pueden estar más tranquilas o calmadas cuando excluyen a la gente de sus vidas o se aíslan. Sin embargo, en las tradiciones yóguicas, se cree que la verdadera alegría y la felicidad provienen del interior de su alma.

El canal lunar se encuentra en el lado izquierdo de la espalda. Este canal comprende las energías más frías o pasivas que van acompañadas de sentimientos de deseo, dependencia y anhelo. Al inhalar, la energía viaja hacia arriba a través del canal lunar. Cuando esto ocurre, deseará cosas que cree que le traerán alegría. Es importante recordar que si quiere que su felicidad sea duradera, debe trabajar para equilibrar sus energías internas sin buscarlas en el exterior.

El canal central está situado en la parte delantera de la columna vertebral. También se le conoce como el canal del canto, en referencia a la sensación de felicidad que experimenta una persona cuando es capaz de alcanzar el equilibrio perfecto. Este equilibrio se interpreta como un flujo suave de energía a través del canal principal. Las prácticas yóguicas se ocupan de trasladar su energía interior desde los canales solar y lunar al canal principal. Una vez que alcance este equilibrio, experimentará la alegría pura, la felicidad y la sabiduría que surgen de su interior.

Cuando se combinan sus dos subcanales con sus numerosas ramas en el sistema energético de su cuerpo, forman una forma circular o una rueda. En sánscrito, esta rueda de energía se llama chakra. Los chakras están situados desde la base de la columna vertebral hasta la parte superior de la cabeza. Cada chakra es responsable de un área determinada o de un grupo de órganos del cuerpo. Durante las prácticas de meditación, el objetivo principal es abrir estos centros energéticos con fines específicos. Los chakras se cruzan con el canal central y pueden bloquearse.

Cuando un chakra está bloqueado o cerrado, significa que el canal central de energía también está bloqueado debido a esta intersección por los chakras. Cuando practica el yoga u otras formas de meditación, la idea es mover su energía vital, prana o qi, desde los canales del sol y la luna hacia el canal central. Cuando su prana no se acumula en los subcanales, este bloqueo comienza a abrirse.

Cuando permite que el prana o qi fluya sin problemas, puede sentir una sacudida o una sensación como de corriente eléctrica que recorre su cuerpo. Esto puede sentirse como una sensación de hormigueo o lo que llamamos "piel de gallina". A veces, la gente experimenta un escalofrío repentino o dice que tiene un presentimiento sobre algo. Cuando esto ocurre, conectamos con nuestro chakra del tercer ojo, que representa el sexto sentido. Como el prana está relacionado con nuestros patrones de respiración, puede ser testigo de su efecto si se concentra en su respiración. Cuando el prana corre por el canal solar, su respiración pasa por la fosa nasal derecha. Cuando la fosa nasal derecha se activa, el lado izquierdo de su cerebro, responsable del pensamiento lógico, se vuelve dominante. Por otro lado, la activación de la fosa nasal izquierda debido al flujo de prana a través del canal lunar conduce a la dominación del lado derecho del cerebro, que es responsable de la creatividad.

En cualquier momento, una de las fosas nasales está activada. Se cree que cada lado del cerebro domina durante una hora. El objetivo principal de las prácticas meditativas es ayudarle a aprender a lograr la armonía entre ambos lados. Cuando esto ocurra, podrá exhalar por ambas fosas nasales por igual, y ambos lados del cerebro se activarán al mismo tiempo. Es entonces cuando puede acceder a su sabiduría interior y alcanzar la verdadera paz y felicidad.

Cuando piensa en la inhalación, siente que su pecho se abre y absorbe las bondades del aire fresco. Se asemeja a la vida, la energía, la felicidad y el despertar. Cuando exhalamos, estamos dejando ir la energía negativa, la frustración, la ira o la tristeza. Ambos estados son intercambiables y son eternos. Mientras seamos capaces de respirar, siempre tomaremos lo bueno y dejaremos ir lo malo dentro de nosotros. Esta es otra forma de relacionarse con la sensación de prana o qi que existe en nuestro cuerpo.

Tipos de sanación energética

Existen numerosas formas de sanación energética en diversas culturas que se han practicado desde la antigüedad. Algunas tratan de la meditación que le ayuda a relajarse y despejar la mente, mientras que otras combinan la meditación con el ejercicio físico. Puede realizar algunas de estas técnicas usted mismo, o puede buscar la ayuda de un profesional. He aquí tres tipos comunes de técnicas de sanación energética.

- Reiki

Esta práctica japonesa de sanación energética consiste en desbloquear la energía estancada en las zonas donde se experimenta dolor físico, mental o emocional. Los practicantes de reiki creen que hay que conseguir que la energía fluya sin problemas por todo el cuerpo para lograr una salud perfecta. En una sesión típica de reiki, un terapeuta profesional le pedirá que se siente en una silla cómoda o se acueste en una camilla de masaje mientras está completamente vestido. El terapeuta puede tocar ciertas áreas de su cuerpo o colocar sus manos ligeramente sobre estas áreas.

Cuando hay una lesión en el cuerpo, el terapeuta mantendrá la posición de sus manos sobre esta zona hasta que pueda sentir que la energía estancada en esta parte ha desaparecido. El terapeuta puede sentir una sensación de calor u hormigueo en sus manos hasta que se produzca la transferencia de energía. El terapeuta puede utilizar cristales curativos para ayudar con las vibraciones energéticas, pero el reiki normalmente solo se basa en las manos del terapeuta. Una sesión típica puede durar entre 30 minutos y una hora y media, dependiendo de la gravedad de la lesión. Es posible que le pidan que vuelva para sesiones adicionales.

El reiki ayuda al cuerpo a relajarse y a curarse de forma natural, y ayuda a promover el bienestar mental, espiritual y físico. Muchos pacientes con cáncer que han probado el reiki han informado de que se sienten menos estresados o ansiosos e incluso han experimentado un alivio del dolor. Se sabe que el reiki libera el estrés, la ansiedad, la depresión, el dolor crónico y la fatiga.

• Qigong

Esta antigua práctica china implica meditación, ejercicios de respiración y movimientos específicos. "Qi" se refiere a la energía vital, y "gong" se refiere a dominar el flujo de qi. Existen numerosas prácticas de qigong, desde ejercicios básicos de respiración y meditación hasta artes marciales avanzadas. El tai chi se considera una forma de qigong que requiere ciertos movimientos que trabajan el equilibrio interior. Hay dos técnicas de qigong, que son el wai dan y el nei dan. El wai dan implica la práctica de ejercicios físicos mientras se centra en la respiración y el flujo del qi. El nei dan consiste en permanecer quieto mientras se realizan técnicas de meditación.

Como principiante, primero aprenderá a realizar ejercicios físicos sencillos mientras se centra en la respiración adecuada. Después de dominar estos ejercicios, comenzará a aprender a sentir el flujo del qi y a moverlo por el cuerpo. Estos ejercicios se conocen como meditación en movimiento. Otra forma llamada "meditación en quietud" es similar a las posturas de yoga, en la que se practica cómo mantener ciertas posiciones durante un tiempo. Su objetivo es fortalecer los músculos y mejorar el físico. La meditación sentada consiste en permanecer tumbado sin moverse mientras se centra en el poder de la mente y se combina con el cuerpo y el espíritu.

Hay tres tipos de qigong: médico, marcial y espiritual. El qigong médico incluye la acupuntura, la acupresión, la fitoterapia y el masaje chino. El qigong marcial se centra en la fuerza física, donde los practicantes aprenden a partir ladrillos de un solo golpe o a doblar cables de acero con las manos desnudas, entre otros ejercicios. El qigong espiritual consiste en meditar sentado mientras se recitan mantras u oraciones de las escrituras religiosas. Los practicantes entrenan su mente para alcanzar un nivel profundo de conciencia que les permita conectar con su yo superior.

El qigong se practica para restablecer el equilibrio energético, que se ve alterado por la ira, el estrés, la ansiedad, la depresión o el dolor, entre otras emociones intensas. También se pueden producir desequilibrios a causa de un sueño o una nutrición inadecuados, la falta de ejercicio o el abuso de sustancias.

- Sanación pránica

La sanación pránica se ocupa de mover el prana o la energía vital para lograr un equilibrio perfecto en el cuerpo. Es una técnica sencilla que no implica tocar. Todo el concepto gira en torno a la capacidad del cuerpo para autosanarse, activar su energía interior y permitir que fluya sin problemas dentro del cuerpo. Como se ha dicho antes, cuando el prana es deficiente en una determinada zona del cuerpo, se produce una dolencia. La idea de la sanación pránica es aumentar el flujo de prana a esta parte lesionada para permitir que el cuerpo la arregle.

El concepto central de la sanación pránica es doble: el autodescubrimiento y la fuerza vital. Los practicantes creen en nuestra capacidad innata de curarnos a nosotros mismos, embarcándonos en un viaje de autodescubrimiento que dura toda la vida. Este viaje puede mejorarse canalizando la fuerza vital o la energía universal en nuestro cuerpo.

El proceso consta de tres fases: comprobación, limpieza y estimulación del cuerpo con fuerza vital. El primer paso consiste en realizar una exploración del cuerpo para comprobar si hay vacíos o anomalías energéticas. Una vez identificados estos puntos, el sanador pasa a limpiarlos de energía negativa y a desbloquear la energía estancada. Una forma eficaz de limpiar el cuerpo es bañarse en agua salada. Imagine lo que se siente al bañarse en el mar, y notará cómo se siente siempre renovado y rejuvenecido. Esta sencilla técnica de limpieza ayuda a fortalecer el cuerpo a medida que se deshace de la energía sucia. El último paso es crear un canal abierto entre el cuerpo angustiado y la fuerza vital pránica fresca.

Este proceso de sanación ocurre automáticamente en nuestro cuerpo. Si sufre alguna lesión, su cuerpo actúa en defensa propia sellando los cortes expuestos para minimizar la pérdida de sangre y curar las células dañadas. Le protege de cualquier toxina o impureza del exterior. Este mecanismo ayuda a retener la fuerza vital dentro de usted para mantener su energía pránica. Cuando su cuerpo está sano, está lleno de prana, y cuando está herido o no está sano, le falta prana.

La sanación pránica actúa sobre el aura del cuerpo, el campo energético que lo rodea. Este campo de energía también puede penetrar en el cuerpo, y cuando este campo se interrumpe, se manifiesta una enfermedad en el cuerpo. Al igual que el tratamiento de reiki, un sanador pránico profesional le pedirá que se acueste completamente vestido mientras mueve sus manos para permitir el flujo de prana a las partes lesionadas de su cuerpo. La sanación pránica alivia eficazmente el estrés y la ansiedad, aumenta los niveles de energía y refuerza el sistema inmunitario.

La sanación pránica utiliza la fuerza vital presente en el sol, la tierra, los árboles y el aire. En la antigüedad, la gente solía descansar bajo la sombra de un gran árbol después de viajar todo el día. Se sentían revitalizados porque absorbían el prana del árbol, la tierra y el aire. Este proceso se reconoce ahora como una técnica de sanación, por lo que muchos sanadores pránicos recomiendan caminar descalzos para absorber el prana de la tierra, exponer nuestra piel al sol para absorber el prana del sol y realizar ejercicios de respiración para absorber el prana del aire.

• Meditación del corazón gemelo

Esta técnica de meditación se utiliza en combinación con la sanación chakral. Permite que los chakras absorban prana fresco, aliviando el estrés, la ansiedad y la fatiga. Es una rama de la sanación pránica que conecta con la conciencia universal y restablece su equilibrio interior. Cualquiera puede realizar esta meditación, independientemente de su origen religioso. Se dirige principalmente a los chakras del corazón y de la corona, por lo que se llama meditación del corazón gemelo. Al trabajar en estos dos centros de energía, estará creando un canal entre el amor emocional y el divino.

Si está familiarizado con cualquier tipo de meditación, no le resultará difícil practicar esta. Para comenzar una sesión, debe realizar algunos ejercicios de estiramiento extendiendo la espalda, el cuello, los hombros, los brazos y las piernas durante 10 o 15 minutos. Busque un espacio cómodo y tranquilo en su casa para meditar. Debe sentarse recto, pero no es necesario que se siente en el suelo ni que cruce las piernas. Puede elegir cualquier posición cómoda, pero evite encorvarse.

A continuación, realice un ejercicio de respiración profunda durante 5 a 10 minutos o hasta que su cuerpo comience a sentirse completamente relajado. Concéntrese solo en pensamientos positivos y recuerde todas las bendiciones de su vida. Puede pensar en sus seres queridos y en lo agradecido que está de tenerlos en su vida o visualizar una escena relajante como una playa o un prado. Recordar momentos felices en este ejercicio estimula su chakra del corazón y le pone de humor para la meditación.

Toque el centro de su corazón con ambas manos durante este ejercicio, y luego use una mano para tocar su cabeza para estimular el chakra de la corona. Mantenga esta posición durante unos minutos mientras establece su intención de difundir la felicidad al universo. Mientras activa ambos chakras, visualice una luz que se extiende desde su interior y le conecta con el resto del mundo. Sienta que esta luz viaja por todo su cuerpo, llenándolo de calor, amor y paz. Puede mantener este estado durante el tiempo que desee antes de abrir lentamente los ojos para finalizar la sesión.

- Terapia de polaridad

Esta forma de curación energética se centra en cambiar el campo electromagnético del cuerpo para tratar diversas dolencias. Combina ejercicios de meditación con una nutrición adecuada, yoga y otras técnicas y ejercicios físicos. Sus principios básicos son similares a los de otras técnicas de curación energética. Los practicantes creen en el poder de la mente y el cuerpo para autosanarse facilitando el flujo fluido de la energía interna del cuerpo, controlada por cargas positivas y negativas.

La terapia de polaridad se deriva de la medicina tradicional china y de las tradiciones ayurvédicas. Un sanador profesional utiliza técnicas manuales para liberar la energía bloqueada. Puede acudir a un terapeuta de la polaridad cuando se inicie, y él puede indicarle cómo incorporar los ejercicios de polaridad en casa.

Veamos un par de ejemplos de cómo puede realizar el equilibrio de polaridad por su cuenta. El primer ejercicio consiste en ponerse en cuclillas lo más bajo posible con los brazos extendidos delante de usted. Asegúrese de que sus pies están distanciados y dirigidos hacia fuera, y de que sus rodillas están alineadas con sus pies.

Mantenga esta posición durante al menos uno o dos minutos mientras intenta relajar los músculos todo lo que pueda.

Otro ejercicio es el llamado "woodchopper o leñador", ya que estará imitando la acción de cortar un bloque de madera por la mitad con un hacha. Los pies deben estar un poco más separados que en la posición de cuclillas. Respire profundamente mientras levanta lentamente las manos por encima de la cabeza, como si sostuviera un hacha. Una vez que sus pulmones estén llenos de aire, exhale con fuerza mientras baja las manos rápidamente como lo haría al cortar un trozo de madera. Puede repetir este ejercicio de 10 a 15 veces hasta que se sienta relajado y con energía. Esta sencilla práctica puede realizarse siempre que se sienta estresado, ansioso o cansado. También aumenta su estado de ánimo al realizar esta rutina para sentirse motivado al comenzar el día.

Cómo crear una bola de energía básica

Una bola de energía es simplemente un campo de energía que aprovecha y crea entre sus manos. El concepto de crear una bola de energía con sus manos es sentir la fuerza del qi dentro de su cuerpo y utilizarla para ayudarle en los momentos difíciles. Puede utilizar este ejercicio cuando esté cansado después de un largo día de trabajo o se sienta decaído, o quiera conectar con su ser interior. Sus manos albergan sus propios chakras, que rigen la creatividad, la confianza y la sinceridad. Cuando abre sus chakras, recibe un impulso de confianza y se siente inspirado.

Para comenzar el ejercicio, siéntese en una silla cómoda y cierre los ojos. Inhale y exhale profundamente para regular su ritmo cardíaco y relajar su cuerpo. Sienta que sus hombros se mueven hacia abajo y que todos sus músculos se relajan. Acerque las manos como si estuviera rezando. Deje una distancia de cinco centímetros entre las palmas para poder sentir su calor. Comience lenta y constantemente, moviendo una mano o las dos en un movimiento circular. Puede que comience a sentir calor, hormigueo o sensación de presión entre las palmas.

Puede visualizar que la energía se transmite desde el estómago hasta el pecho, los hombros, los brazos y las palmas de las manos. Concéntrese en el ritmo de su respiración y manténgala estable. El paso de la visualización le permite sentir mucho mejor la bola de energía. Practique este ejercicio varias veces hasta que sea capaz de sentir la bola de energía más rápida y fácilmente. No se rinda después de los primeros intentos porque necesita entrenar su concentración y realizar bien los ejercicios de respiración para conseguirlo.

Puede comenzar con algunos ejercicios de respiración para calmarse primero. Simplemente inhale lentamente durante cuatro segundos utilizando el diafragma, colocando la mano en la parte superior del abdomen y visualizando que infla un globo. El estómago debe moverse al respirar, no el pecho. Mantenga la respiración durante unos segundos y luego exhale lentamente durante cuatro segundos. A continuación, puede comenzar a practicar su bola de energía siguiendo los pasos anteriores. Cuando comience a dominar este ejercicio, puede establecer su intención sobre lo que quiere sentir diciendo: "Siento alegría" o "Siento paz y calma". Puede modificar su intención en función del sentimiento que desee experimentar.

En este capítulo se ha tratado la teoría de la curación energética tal y como la utilizaban las culturas antiguas. Explicamos el significado de las auras y los cuerpos sutiles y cómo lograr el equilibrio perfecto entre sus canales de energía es crucial para promover la armonía y el bienestar. Puede utilizar algunas de las prácticas meditativas mencionadas aquí para descubrir con qué método se siente más cómodo.

Capítulo 4: Teoría del color y sanación de los chakras

En los capítulos anteriores, hemos introducido el mundo de los chakras y cómo se relacionan con la energía y la sanación con cristales. Cada chakra está representado por un color con una frecuencia determinada. Los colores afectan a su estado de ánimo y traen ciertos sentimientos a diferentes partes del cuerpo. Van de la mano cuando se trata de elegir los cristales correctos para abrir sus chakras y permitir el flujo suave de energía dentro de usted. En este capítulo, nos adentraremos en el mundo de los chakras y explicaremos qué tipos de cristales se asocian con los diferentes colores de los siete chakras.

Chakra de la raíz

El primer chakra está situado en la base de la columna vertebral. Representa la estabilidad y el arraigo, ya que nos conecta con la Tierra. Un chakra de la raíz equilibrado gobierna los sentimientos de seguridad y fuerza, ya que se considera nuestro chakra de supervivencia. Contiene nuestra energía masculina, que actúa como base de todos los chakras. Un chakra de la raíz desequilibrado afecta en gran medida a nuestro bienestar emocional, físico y espiritual.

Puede perder la confianza en los demás y en sí mismo y tener problemas para tomar decisiones en su vida. Sentirse inseguro trae consigo estrés y ansiedad, y comienza a limitarse a sí mismo debido a estos temores. Cuando está desconectado de su chakra de la raíz, se vuelve débil e infeliz. Físicamente, dado que su chakra de la raíz está conectado con la parte inferior del cuerpo, puede sufrir problemas de vejiga o de colon y de articulaciones. Cuando está constantemente ansioso y preocupado, su sistema nervioso parasimpático, responsable de la respuesta de descanso y digestión, también se ve afectado.

Puede practicar la meditación o el yoga para conectarse a tierra, especialmente si realiza estos ejercicios en un entorno natural con los pies descalzos tocando la Tierra. Hay varios cristales curativos que puede utilizar para ayudar a equilibrar su chakra de la raíz también. Este chakra está asociado con el color rojo. Los cristales utilizados deben tener el mismo color y frecuencia de este chakra, desde el rojo profundo hasta el negro.

La piedra granate es un tono profundo de rojo, que ayuda a elevar la energía en el chakra de la raíz para promover el bienestar emocional y físico. También le da el valor y la fuerza para superar sus miedos. La obsidiana negra es una piedra más oscura que proporciona protección y arraigo para ayudarle a encontrar su verdad interior y combatir la falsedad. Le da sabiduría y conocimiento a medida que se conecta con usted mismo, ya que esta piedra le ayuda a lidiar con traumas del pasado, lo que trae consuelo a su alma. El jaspe rojo es de un rojo vibrante, lo que le hace sentir con más energía, ya que promueve la resistencia y la vitalidad. Le ayuda a sentirse más seguro de sí mismo y más fuerte al descubrir sus pasiones. Otros cristales para el chakra de la raíz son la turmalina negra, la cornalina, la piedra de sangre, la hematita, el cuarzo ahumado y el ónix negro.

Chakra sacro

El segundo chakra está situado justo debajo del ombligo. Está representado por el color naranja, que representa la energía y la vitalidad. Cuando este chakra está desequilibrado, puede experimentar ansiedad e incluso depresión porque es incapaz de sentir alegría o felicidad y tiende a aislarse de los demás. Podrías ser indiferente o demasiado indulgente con ciertas cosas, creando un desequilibrio emocional o físico. Es posible que experimente una falta de motivación para realizar cualquier actividad o terminar un proyecto en el trabajo. Las cosas normales pueden desencadenarle una reacción, y la gente suele decirle que está siendo demasiado sensible. Puede tener problemas para establecer límites saludables con los demás y tener relaciones codependientes. Físicamente, puede sufrir dolor de espalda, problemas de riñón, artritis, fatiga o un nivel bajo de azúcar en la sangre como resultado de un chakra sacro bloqueado.

El uso de cristales del mismo color que el chakra sacro puede aumentar su energía y devolverle la pasión por la vida. Estos cristales equilibran su energía y le hacen más creativo y seguro de sí mismo. La piedra cornalina naranja es de color vibrante y ayuda a promover la creatividad y la calidez del espíritu. Los antiguos egipcios utilizaban esta piedra para promover la fertilidad, ya que está estrechamente relacionada con Isis, la diosa de la fertilidad, la maternidad y el renacimiento. Abrirá su chakra sacro, mejorará su intimidad en el dormitorio y aumentará su apetito por la vida.

La calcita naranja es un tono más claro de naranja, que promueve vibraciones divertidas y alegres. Es conocida por su capacidad para potenciar su lado creativo, lo que le ayudará a terminar sus proyectos artísticos. Puede utilizarla en los momentos en que se sienta deprimido o indiferente ante la vida. Le ayuda a ver su propio brillo y verdad y a sustituir cualquier energía oscura por vibraciones vibrantes y soleadas. La piedra solar le proporciona energía y calor en los momentos en que se siente deprimido y aislado. Le permite retomar el control de sus emociones y le hace pasar del asiento del pasajero al asiento del conductor en su vida. Otros cristales para su chakra sacro son el ojo de tigre, el citrino, el ámbar, el aragonito y la piedra de oro.

Chakra del plexo solar

El tercer chakra está situado justo debajo de su esternón, que representa el centro de su confianza y ego. Si está equilibrado, su ego es una gran herramienta que le ayuda a reconocer sus necesidades, a establecer límites saludables con los demás y a aumentar su autoestima. Tiene una gran influencia en su bienestar emocional y físico. Cuando está equilibrado, el chakra del plexo solar le proporciona un suministro constante de energía, pasión y resistencia, lo que aumenta su confianza en sí mismo. Si está bloqueado, es posible que sufra de baja autoestima y baja autovaloración y que no pueda encontrar una dirección clara en la vida. Puede sentirse perdido y culpable por no ser capaz de conseguir nada. Físicamente, podría sufrir problemas en el tracto digestivo y en el hígado. Puede sentirse constantemente cansado y sin interés por realizar ninguna actividad.

El chakra del plexo solar está relacionado con el color amarillo, la energía dorada que se asemeja a la luz y al fuego. Así nos sentimos cálidos y activos, y los cristales utilizados para abrir este chakra deben tener un tono similar para promover la vivacidad, la alegría y la energía. El citrino tiene un tono amarillo vibrante que promueve la positividad y el éxito. Ayuda a disolver cualquier problema relacionado con su autoestima para que pueda redescubrirse a sí mismo. Puede conectar su energía desde el pecho hasta la cabeza, donde reside el chakra de la corona. El ámbar es otra piedra preciosa que promueve la energía bruta y el calor. Se relaciona con el sol y la tierra combinados y se ha utilizado desde la antigüedad. Esta piedra le ayuda a conectar con su sabiduría interior para aportarle paciencia, claridad mental y prosperidad.

El jaspe amarillo se relaciona con el segundo y tercer chakra. Le proporciona la energía del sol, llena de brillo y alegría. Es una piedra protectora, ya que ayuda a absorber la energía negativa. El topacio amarillo es otra piedra desintoxicante que ayuda a limpiar cualquier mala energía de su sistema y permite que la energía fluya sin problemas por todos sus chakras. La piedra preciosa ágata tiene un color único lleno de energía volcánica, que le ayuda a calmar sus emociones y a utilizar su temperamento ardiente de forma más positiva. Otras piedras relacionadas con el tercer chakra son la turmalina amarilla, el cuarzo limón, la pirita y la piedra solar.

Chakra del corazón

El cuarto chakra está en el centro entre los chakras inferior y superior, situado justo en el centro de su pecho. Es donde encuentra su compasión, empatía, amor, confianza, perdón y conexión con usted mismo y con los demás. El chakra del corazón consiste en amarse primero a uno mismo antes de amar a los demás. Cuando puede practicar el amor propio y el cuidado de sí mismo, puede reflejar estos sentimientos a los demás para promover relaciones más saludables.

Cuando está equilibrado, puede nutrirse a sí mismo y disfrutar de relaciones profundas y significativas con los demás. Si está desequilibrada, es posible que le cueste perdonar a quienes les han hecho daño en el pasado. Incluso puede resultarle difícil perdonarse a sí mismo por los errores del pasado. Esto le lleva a una falta de confianza en sí mismo y de autoestima, y tiende a aislarse de la gente. Físicamente, puede sufrir ansiedad, depresión, hipertensión y problemas respiratorios. Si su chakra del corazón está hiperactivo, tiende a tener relaciones codependientes y a menudo se siente celoso y posesivo.

El chakra del corazón está asociado con el color verde, y puede utilizar cristales del mismo tono para ayudarle a desbloquearlo. Los cristales verdes se utilizan para promover sentimientos de amor, felicidad y paz. Algunas piedras preciosas de color rosa también se utilizan para abrir el chakra del corazón. El cuarzo rosa le proporciona compasión y empatía hacia usted y hacia los demás. La esmeralda brillante le proporciona sabiduría y pureza del corazón, ya que rige los sentimientos de armonía y equilibrio. Le ayuda a confiar en sí mismo y a establecer relaciones sanas con las personas cercanas.

La piedra amazonita tiene un color azul verdoso único con rayas blancas. Conecta profundamente con el chakra del corazón y la garganta. Es portadora de un espíritu guerrero y solía llevarse en los escudos de los guerreros amazónicos para promover el valor y la intrepidez. Es una gran piedra que puede levantar el ánimo y aumentar la confianza en uno mismo. El jade verde es la piedra perfecta para promover la suerte y la prosperidad en los asuntos del corazón. Le ayuda a ver quién es usted y a encontrar la paz dentro de su alma. Otras piedras para el chakra del corazón son la malaquita, la rodocrosita, la prehnita, la turmalina verde y la calcita verde.

Chakra de la garganta

El quinto chakra está situado en la base de la garganta. Es la forma en que comunica sus pensamientos y sentimientos al mundo. Este chakra es crucial para poder expresar su autoestima y su posición en el mundo. Cuando está equilibrado, tiene una sensación de libertad al poder expresar sus opiniones y sentimientos a los demás. Establece relaciones profundas con las personas en las que eres abierto y honesto con sus emociones. Cuando el chakra de la garganta está bloqueado, puede tener miedo de expresarse o sentirse cohibido y tímido cuando se trata de hablar en público. Es posible que quiera evitar los conflictos o enfrentarse a los demás, que le cueste tomar decisiones o que siempre quiera complacer a los demás. Desde el punto de vista físico, es posible que sufra de dolores de garganta regulares, dolor de cuello crónico, dolor de mandíbula, problemas de tiroides y caries y abscesos dentales.

Es crucial abrir su chakra de la garganta para decir lo que piensa y utilizar su voz para establecer su poder y sus opiniones en el mundo. El quinto chakra está representado por el color azul. Puede utilizar los cristales azules para aumentar sus vibraciones energéticas y aportar sentimientos de confianza, valor y compasión para perfeccionar sus habilidades de comunicación. La piedra aguamarina es una piedra preciosa maravillosa que le ayuda a encontrar su voz y a expresarse disminuyendo su ansiedad y ayudándole a conectarse consigo mismo. La piedra lapislázuli tiene un color azul profundo único que aumenta la autoconciencia para reconocer su voz interior y utilizarla para expresarse. Si es un orador, un escritor o trabaja en profesiones similares, se beneficiará del uso de esta piedra. Se ha utilizado durante mucho tiempo para promover la fluidez y la expresión.

La sodalita es otra piedra poderosa que abre el chakra de la garganta y es comúnmente utilizada por poetas y novelistas para ayudarles a encontrar las palabras para su trabajo creativo. Le ayuda a conectar con su sabiduría interior y abre su mente a reinos de creatividad, significado y conocimiento. El ágata de encaje azul es una gema de color azul claro, y le ayuda a encontrar las palabras adecuadas para no ofender a nadie. Le ayuda a expresar su opinión al tiempo que muestra sensibilidad hacia los demás, lo que le ayuda a superar situaciones difíciles cuando tiene que decir la verdad con delicadeza. Otras piedras para el chakra de la garganta son la angelita, la crisocola, la sodalita, la amazonita, la calcedonia azul y la azurita.

Chakra del tercer ojo

El sexto chakra también se conoce como el sexto sentido y está situado en el centro de la cabeza, justo encima de la nariz, y en el punto de encuentro de las cejas. Se asemeja al epicentro de su intuición y es la vía definitiva de la sabiduría y la claridad mental. Cuando está equilibrado, puede acceder a su conocimiento interior y a su espiritualidad. Le permite ver las profundidades de su alma y mirar más allá del mundo materialista. Podrá estar conectado con su voz interior y llevar una vida equilibrada. Cuando está bloqueada, sentirá sus efectos en muchos aspectos de su vida física, emocional y espiritual. Puede experimentar ansiedad y sentirse perdido o atascado e incapaz de tomar decisiones en su vida. Físicamente, puede sufrir dolores de cabeza o migrañas crónicas, infecciones de oído, problemas de visión y falta de sueño.

El color índigo representa el chakra del tercer ojo. Las piedras preciosas índigo trabajan en la glándula pineal para abrir este chakra. Estas piedras favorecen la clarividencia y permiten ver las cosas desde otra perspectiva. La piedra amatista tiene un vibrante color púrpura, que ayuda a traer calma y serenidad a su mente y alma. Ayuda a acallar todas las distracciones a su alrededor y en su interior. Promueve un mejor sueño, ya que le ayuda a relajarse e incluso le alivia de los dolores de cabeza. La piedra labradorita parece tener numerosos matices de color azul, púrpura e índigo. Esta combinación mística le ayuda a acceder a su sabiduría interior y a sus capacidades psíquicas, lo que le permite ver el panorama general.

La sodalita tiene un profundo color oceánico, que le permite sumergirse en la profundidad de su alma. Ayuda a transformar la energía negativa en energía positiva a medida que se conecta más con uno mismo. La piedra azurita es maravillosa para potenciar sus habilidades psíquicas y también actúa como limpiador energético, lo que le ayuda a confiar en su intuición. La gema iolita es un gran estimulante para la mente, ya que promueve la inspiración y la creatividad cuando se siente atascado en un proyecto o una obra de arte. Ayuda a equilibrar su energía emocional, a frenar sus impulsos y a explorar sus habilidades. Otras piedras para el chakra del tercer ojo son la lepidolita, la piedra lunar, el cuarzo claro, la obsidiana negra y el lapislázuli.

Chakra de la corona

El séptimo chakra está situado en la parte superior de la cabeza, donde se suele llevar una corona. Es el chakra más alto y representa su conexión con la divinidad o su ser superior. Cuando está equilibrado, su mente está abierta a la energía del universo. Se encuentra conectado con su espiritualidad y es capaz de recibir los maravillosos regalos de luz, conocimiento y sabiduría de su ser superior. Cuando está desequilibrada, su espiritualidad sufre, y usted se vuelve infeliz, solitario y perdido. No será capaz de asumir la responsabilidad de su vida.

El chakra de la corona está representado por el color violeta. Los cristales que tienen una tonalidad similar ayudan a promover la sabiduría y la conexión espiritual. La piedra amatista es la principal piedra para el chakra de la corona, y ayuda a aliviar todos los sentimientos de ansiedad y desesperación. Le permite ver la luz en el universo y en su vida. La transparencia del cuarzo claro le permite ver las cosas con claridad. Le ayuda a eliminar cualquier energía bloqueada en su chakra de la corona. Promueve el despertar y un sentido de poder y propósito. La selenita es otra piedra maravillosa que abre el chakra de la corona, ya que le ayuda a ver más allá de su visión habitual y a conectarse con frecuencias más elevadas. Otras piedras que ayudan a abrir el chakra de la corona son la lepidolita, la howlita, la sugilita, el ágata blanca y la fluorita.

Los colores y sus significados

Ahora que hemos establecido el significado de cada chakra y mencionado sus colores, es el momento de identificar los significados de estos colores. Los colores tienen diferentes frecuencias, y cada uno de ellos tiene una determinada energía que ayuda a calmar nuestras emociones y nuestro espíritu. El color rojo se asemeja al calor, el fuego, la pasión y la vitalidad. Si la frecuencia del rojo es demasiado alta, se vuelve uno orgulloso y egocéntrico, y si es demasiado baja, se vuelve uno indeciso y temeroso del mundo. El naranja se asocia con la alegría, la felicidad y la fertilidad. Cuando su frecuencia es débil, puede sentirse deprimido y decaído, mientras que con frecuencias demasiado altas, su deseo sexual puede aumentar. El amarillo es un color brillante que se asemeja a la energía del sol. Se relaciona con la vitalidad, la inteligencia y la salud en general. Cuando su frecuencia es demasiado alta, puede experimentar ansiedad y estrés, mientras que en frecuencias más bajas, se desmotiva.

El color verde se relaciona con la paz, la armonía, el amor y la compasión. Cuando la frecuencia del verde es demasiado alta, puede considerarse extrovertido, y puede volverse introvertido si es demasiado baja. En ambos casos no hay un equilibrio adecuado. El color azul se relaciona con la expresión pacífica y clara. Si su frecuencia es demasiado alta, podría expresar sus opiniones de forma grosera o brusca sin importarle los sentimientos de los demás. Si su frecuencia es demasiado baja, le cuesta expresar sus opiniones y expresarse. El color índigo se relaciona con una verdadera visión de sí mismo y del mundo. Ayuda a regular sus ciclos de sueño y promueve la autoestima y la intuición. El color violeta favorece la conciencia y la percepción de uno mismo y de los demás. Le ayuda a conectar con el universo, y si su frecuencia es baja, puede sufrir distracción y desconexión con el mundo exterior.

El equilibrio es importante en todos los colores. Cada color representa uno de los siete chakras. A estas alturas, ya conoce los síntomas de desequilibrio en cada chakra. Puede llevar los cristales como colgantes para ayudarle a restablecer su equilibrio y abrir sus chakras. Tiene que tener cuidado con los colores que elija dependiendo de su estado de ánimo y de lo que sienta. El verde se considera el color más seguro para usar, ya que se relaciona con el chakra del corazón, que ayuda a facilitar la conexión entre todos sus chakras.

En este capítulo hemos hablado de cada chakra, su color y cómo estos colores afectan a su bienestar físico, emocional y espiritual. También mencionamos el tipo de cristales que promueven ciertos sentimientos relacionados con el bloqueo de cada uno de los siete chakras. Ahora conoce la importancia de equilibrar sus chakras y cómo se relacionan con estos diferentes colores.

Capítulo 5: Cristales para el cuerpo

Muchos cristales sanan diversas dolencias del cuerpo. Para cada síntoma, un cristal específico sirve para eliminar el bloqueo de energía que causó la dolencia. Cuando experimenta dolor en su cuerpo, también se siente estresado y ansioso, lo que hace que se sienta aún más débil y enfermo. Los cristales curativos pueden abrir sus chakras bloqueados, lo que ayuda a aliviar el dolor y le hace sentirse más tranquilo y relajado. Puede utilizar los cristales curativos junto con la medicina. Le recomendamos que trate su enfermedad bajo la supervisión de un profesional de la salud. En este capítulo se explica cómo utilizar los cristales para curar determinados problemas físicos en la vida cotidiana.

Sistema digestivo

Los cristales pueden utilizarse para curar diversos problemas digestivos, desde un malestar estomacal y el reflujo ácido hasta úlceras graves y estreñimiento. Puede utilizar la aguamarina para aliviar el estreñimiento. Esta piedra preciosa actúa sobre el chakra de la garganta para aliviar los problemas digestivos. Simplemente coloque la piedra en su chakra de la garganta, que se encuentra en la base de la misma. Masajee suavemente su garganta con el cristal durante unos minutos hasta que sienta un alivio del dolor.

Si sufre de problemas intestinales crónicos, puede utilizar el peridoto, que trabaja en el chakra del corazón para aliviar el dolor en los intestinos. Ayuda a aligerar su estado de ánimo y lo pone en un mejor estado emocional. Al colocarlo en su chakra del corazón, le dará la fuerza necesaria para soportar este dolor crónico.

El citrino es una gran piedra que ayuda a la correcta digestión sin importar el tipo de dolencia que tenga en su sistema digestivo. Puede utilizarla regularmente si es propenso a problemas digestivos como el reflujo ácido o el malestar estomacal. Mejora el metabolismo, aumenta el estado de ánimo y alivia las inflamaciones e infecciones. También puede utilizar una esmeralda para el dolor de estómago, colocándola en el estómago (mientras está acostado) hasta que sienta alivio. Las esmeraldas también actúan sobre el chakra del corazón y ayudan a calmar los nervios, lo que contribuye a aliviar el dolor.

El ágata de encaje azul es un maravilloso cristal muy útil para los problemas de flatulencia. Ayuda a aliviar el dolor causado por el exceso de gases en el intestino y el estómago. También limpia el sistema digestivo eliminando todas las toxinas del tracto digestivo. Este cristal equilibrador protege contra las infecciones bacterianas, ayuda a aliviar el dolor y aumenta la saciedad. Es un cristal muy completo que puede utilizar a diario si experimenta problemas digestivos con regularidad.

Sistema respiratorio

Son muchos los problemas respiratorios a los que puede enfrentarse como consecuencia de un simple resfriado o de un asma crónico. Algunas personas pueden tener dificultades para respirar si permanecen en zonas extremadamente húmedas o calurosas. Puede sufrir alergias, sinusitis periódicas o infecciones de garganta. Los problemas respiratorios pueden deberse a problemas psicológicos como el estrés y la ansiedad. Otros podrían ser el resultado de malos hábitos como el tabaquismo, una alimentación poco saludable, la falta de ejercicio o incluso no saber respirar correctamente. Todos estos hábitos o condiciones pueden causar dificultades respiratorias en algún momento de su vida.

Cuando tiene problemas para respirar, puede experimentar un montón de otros síntomas como congestión nasal, dolor de garganta, tos o picor de ojos. Algunos cristales pueden usarse de forma holística para cuidar de todos estos síntomas. Puede practicar algunos ejercicios de respiración para fortalecer los pulmones y el diafragma y permitir un buen flujo de qi por todo el cuerpo. Los ejercicios de respiración no solo ayudan a resolver las dificultades respiratorias, sino que también alivian el estrés y la ansiedad. Puede utilizar ciertos cristales para ayudar a su sistema respiratorio siempre que esté en apuros y para evitar la preocupación causada por los problemas respiratorios.

Puede utilizar el ágata musgosa para tratar los pulmones cuando experimente falta de aire o superficialidad. Se considera una piedra estabilizadora que favorece la relajación y ayuda a abrir las vías respiratorias. Algunos practicantes tradicionales creen que los problemas respiratorios están relacionados con problemas espirituales, ya que el prana está asociado a la respiración. El ágata musgosa conecta su energía espiritual con su energía física. Como resultado, se sentirá más seguro de sí mismo y poderoso porque ayuda a aliviar el estrés. Tiene propiedades antiinflamatorias y mejora su inmunidad para combatir los resfriados comunes y las infecciones de gripe.

La piedra amatista tiene altas vibraciones energéticas relacionadas con la espiritualidad. Ayuda a calmar los nervios y a relajar los pulmones. Esta piedra espiritual puede utilizarse para protegerle de los problemas respiratorios porque también ayuda a sanar su energía. Si sufre de energía estancada, puede manifestarse en una dolencia física que le cause dificultad para respirar. Las amatistas ayudan a reforzar el sistema inmunitario y pueden colocarse por toda la casa para difundir energía protectora y limpiar el entorno.

La crisocola es un cristal azul verdoso que tiene capacidades de limpieza y rejuvenecimiento. Se suele utilizar si se tienen problemas de pecho, especialmente si se sufre de tos seca o dolor de garganta. Relaja los pulmones y los músculos del cuerpo, calmando los nervios y ayudando a respirar mejor. Una gran característica de la crisocola es que promueve una mejor circulación, ya que envía oxígeno a la sangre, lo que ayuda a la regeneración de las células dañadas en los pulmones. Esto amplía la capacidad pulmonar y mejora el ritmo respiratorio.

El ámbar es una piedra estupenda para los problemas de asma, por lo que es perfecta para su uso diario, especialmente cuando se sufre de asma a diario. Transforma la energía negativa en energía positiva y favorece la curación de cualquier parte del cuerpo lesionada. Trabaja en el chakra de la garganta limpiándolo y despejándolo de energía mala o estancada. El ámbar tiene una cualidad única que puede ayudar al cuerpo a autosanarse, y también ayuda a combatir las infecciones bacterianas.

La apofilita actúa calmando los nervios y aliviando el estrés y la ansiedad. Cuando experimenta dificultad para respirar debido a un ataque de pánico o si se siente estresado o ansioso en cualquier momento del día, su miedo y preocupación se manifestarán en un problema respiratorio. Esto es lo que hace que la apofilita sea un gran cristal para ayudarle con las dificultades respiratorias, no resultantes de dolencias físicas como un resfriado o una gripe. Le ayuda a sentirse cómodo en su propia piel, ya que promueve la sanación y regenera las membranas mucosas y las células pulmonares dañadas.

Sistema nervioso

Muchos de los cristales utilizados para los problemas respiratorios pueden utilizarse también para aliviar los problemas del sistema nervioso. Le mostraremos algunos pasos para aliviar el dolor de espalda, cuello o cualquier parte de la columna vertebral. Estos pasos también se pueden utilizar si experimenta entumecimiento en las extremidades, ansiedad, trastorno de estrés postraumático o neuropatía. También puede utilizar esta terapia si tiene recuerdos dolorosos de los que quiere deshacerse, si quiere calmar su sistema nervioso o si le ayuda a curar los nervios dañados de su cuerpo.

Para este tratamiento tendrá que utilizar un collar de ágata de encaje azul. Primero, siéntese en una silla cómoda y coloque un par de cuentas en la base del cuello. Deje que el collar caiga sobre su columna vertebral de forma que toque su piel. Asegúrese de que el collar esté colocado justo en el centro de su columna vertebral, de modo que una piedra quede al lado izquierdo y otra al lado derecho de su columna.

Si su ropa no sujeta el collar en su sitio, puede utilizar cinta adhesiva para pegar el collar a su piel. Si la zona lesionada está en la parte baja de la espalda, sujeta el collar en esa zona de la misma manera, sujetando dos cuentas en la espalda y dejando que el resto caiga libremente. Puede pedirle a un amigo que sostenga las cuentas por usted si no puede sostenerlas y estar cómodo al mismo tiempo. Puede acostarse boca abajo para estar más cómodo y dejar que su amigo le sostenga las cuentas en la espalda.

Sostenga el collar entre 15 y 30 minutos. Trate de notar si su cuerpo necesita estirarse o moverse en ciertos lugares y responda a estos impulsos moviéndolos. Deje que su cuerpo guíe sus movimientos, ya que las cuentas permiten el flujo de energía a través de sus partes lesionadas. Puede que sienta que su cuello necesita un estiramiento, o que quiera sacudir las piernas o estirar y expandir los hombros. Esto es una buena señal de que la terapia está funcionando, ya que a través de estos movimientos suelta la tensión que mantiene su cuerpo.

El collar irradiará calor a varias partes de su cuerpo, comenzando por las partes lesionadas. La energía de las cuentas de ágata de encaje azul llegará a sus células nerviosas. Sentirá el efecto en menos de un minuto. Es posible que sienta un efecto positivo o un alivio con una sola sesión, pero es posible que necesite más tratamientos en función de la gravedad de su lesión. Si busca la ayuda de un sanador profesional, puede trabajar con usted para ayudarle a superar traumas pasados. Podrían presionar las cuentas sobre su piel con suavidad y luego aumentar la presión para llegar a los tejidos profundos. Esta técnica tiene como objetivo llamar a los recuerdos del pasado desde sus células para permitirles llegar a la superficie. Nuestra memoria no solo está impresa en el cerebro, sino que nuestros músculos también recuerdan acontecimientos pasados. Este tratamiento puede ayudarle a reconocer su dolor y a superarlo. Los recuerdos dolorosos son una de las principales razones por las que se experimenta dolor crónico en la columna vertebral, o en cualquier parte relacionada con el sistema nervioso.

Si su sistema nervioso está sano, responderá a cualquier acontecimiento de forma adecuada sin reaccionar de forma exagerada ni actuar con indiferencia ante la situación. A medida que experimenta diferentes acontecimientos en su vida, su sistema nervioso comienza a adaptarse a estas experiencias y aprende a responder de manera diferente la próxima vez que se exponga a estas situaciones. Esto se debe a que recoge recuerdos que se transforman en ondas de energía que se transmiten a sus células nerviosas. Las capas de tejido más profundas de la piel guardan los recuerdos del pasado, mientras que las células superficiales llevan los recuerdos más recientes. Cuando experimenta demasiados acontecimientos traumáticos, las ondas de energía se acumulan en sus células nerviosas, lo que provoca dolencias en el sistema nervioso. Por eso, una situación normal o aparentemente insignificante puede desencadenarte porque ya ha tolerado y experimentado demasiado.

Cuando coloca las cuentas de ágata de encaje azul en su columna vertebral, regula sus recuerdos positivos y fortalecedores y elimina el dolor asociado a los traumas del pasado. La energía almacenada en sus células nerviosas comienza a agitarse y se libera de su posición estancada. Comienza a aflojarse desde las capas más profundas del tejido para permitir la circulación de los recuerdos en su sistema nervioso. Los recuerdos que le ayudarán a avanzar salen a la superficie, y los dolorosos se disipan. Esto es lo que hace que el ágata de encaje azul sea la piedra más crucial para la salud de su sistema nervioso. Ayuda a fortalecer sus ondas energéticas y despeja la carga del dolor que ha estado reteniendo durante tanto tiempo. Al finalizar las sesiones de tratamiento, su sistema nervioso es capaz de responder de forma normal, promoviendo la sanación de su tejido dañado.

Sistema inmunológico

El sistema inmunológico es uno de los sistemas más importantes del cuerpo. Está interconectado con todas las partes del cuerpo. Si tiene un sistema inmunológico saludable, su cuerpo combate las infecciones y experimentará un bienestar físico y mental general. Hay ciertos cristales que puede utilizar que poseen una gran capacidad para reforzar el sistema inmunológico de su cuerpo. Desintoxican el cuerpo, ayudan a aliviar el estrés y promueven una mejor concentración, adaptabilidad y bienestar emocional.

La piedra de la sangre se utiliza comúnmente para combatir las infecciones bacterianas y virales responsables de los resfriados, la gripe y diversas infecciones. También promueve la fuerza en el cuerpo para darle una sensación de bienestar mientras lucha contra la enfermedad. No solo es responsable de limpiar la sangre y aumentar la inmunidad, sino que también promueve la creatividad y la compasión. Puede colocarlo entre el chakra de la garganta y el del corazón para obtener los mejores efectos o llevarlo como collar cuando caiga enfermo.

La piedra smithsonita rosa también es estupenda para reforzar la inmunidad. También puede colocarse entre la garganta y el pecho, justo sobre la glándula del timo, que puede reforzar el sistema inmunitario cuando se estimula. También se cree que favorece la fertilidad y puede colocarse en el dormitorio o en cada esquina de la cama.

La calcita amarilla es un maravilloso cristal holístico que mejora su salud en general. Le ayuda a sentirse fuerte y activo porque le ayuda a liberar la energía negativa y promueve las vibraciones positivas. Puede colocarla en su estómago o abdomen para obtener los máximos beneficios cuando no se sienta bien, o puede colocarla en su zona de estar para promover las vibraciones positivas.

La piedra ametrina combina los efectos protectores y poderosos de la amatista y la energía curativa del citrino. Esta piedra ayuda a regular el sistema nervioso autónomo, responsable de controlar el ritmo cardíaco, la presión arterial, la digestión y otras funciones vitales del cuerpo. También ayuda a aliviar las alergias y los problemas digestivos. Como también es una piedra holística, puede colocarse en el chakra de la corona o bajo la almohada para obtener el máximo beneficio.

La selenita es otro maravilloso cristal que absorbe la energía negativa. Mucha gente la usa comúnmente pisándola con sus pies descalzos e inhalando y exhalando profundamente para absorber la energía positiva. Puede utilizar la selenita para limpiar su aura, su sala de meditación o toda la casa. A algunas personas les gusta colocar cristales de selenita en el alféizar de las ventanas para bloquear el aire negativo y permitir que solo entre aire positivo en la casa. Purificar y limpiar su casa aumenta su inmunidad y le protege contra la energía negativa que conduce a diversas dolencias.

La turmalina negra es otro cristal único que refuerza el sistema inmunitario. No solo desintoxica el cuerpo, sino que también equilibra ambos lados del cerebro. Es excelente para tratar problemas respiratorios o pulmonares. También se suele utilizar para las técnicas de conexión a tierra y para proteger los chakras. Puede llevarlo consigo durante todo el día en los bolsillos o llevarlo como colgante como protección. También es útil colocarlo en su dormitorio para protegerse de las malas vibraciones energéticas.

En este capítulo, hemos hablado de algunos problemas que se producen en algunos de los principales sistemas del cuerpo y le hemos mostrado los tipos de cristales que pueden utilizarse para ayudar a curar estos problemas. Los cristales ayudan en gran medida a aliviar el dolor físico y a promover el bienestar general. Sin embargo, es importante no confiar únicamente en estos cristales para el dolor físico. Puede utilizarlos para mejorar su estado junto con sus tratamientos médicos habituales.

Capítulo 6: Cristales para la mente

Después de hablar de los diferentes cristales que pueden ayudar a conseguir el equilibrio y el bienestar general del cuerpo, es el momento de hablar de los cristales relacionados con los asuntos de la mente. Esto incluye el pensamiento negativo, el exceso de preocupación, la ansiedad, el exceso de pensamiento y todo lo que afecta a nuestra salud mental. Cuando usted se ocupa de su salud mental, podrá lograr el bienestar en otros aspectos de su vida. Estará en mejor forma para cuidar su salud física y emocional. En este capítulo se hablará de los diferentes tipos de cristales que ayudan a promover una mejor salud mental.

Ansiedad

El estrés y la ansiedad están entre los síntomas más comunes de los chakras desequilibrados. Casi todos sus chakras pueden desencadenar la ansiedad cuando tiene la energía bloqueada. Sin embargo, cuando se siente constantemente ansioso, dos chakras vienen a la mente: los chakras de la raíz y de la corona. El primero y el último chakra son la base y la puerta de entrada a su existencia. Es la forma en que se conecta consigo mismo y con el universo. Cuando usted equilibra estos dos chakras esenciales, permite un flujo suave a través de todos sus centros de energía.

Cuando piensa en los cristales que estimulan el chakra de la corona, es posible que le recuerden la amatista, la selenita, el cuarzo claro o el ágata blanca. Los cristales más utilizados para ayudar al chakra de la raíz son el jaspe rojo, la cornalina, el ojo de tigre o la piedra de sangre. Hay otra opción poco probable que funciona en ambos chakras al mismo tiempo, que es el cuarzo ahumado. Ayuda a aliviar su ansiedad y calma su mente para promover la claridad mental y la conexión a tierra. Su componente de cuarzo le ayuda a abrir su chakra superior, mientras que su tono grisáceo promueve la estabilidad y la seguridad. Cuando su mente está despejada y se siente cómodo y seguro en su propia piel, su ansiedad desaparece de forma natural.

El cuarzo ahumado ayuda a frenar sus pensamientos acelerados, que son los principales desencadenantes de su ansiedad. Descubrirá que los pensamientos negativos son la causa directa de todos sus problemas mentales. Causan problemas de sueño, estrés y depresión. Incluso puede luchar contra la baja autoestima y la autovaloración. Este maravilloso cristal abre su chacra de la raíz y, como resultado, se vuelve más consciente de lo que sucede en su mente subconsciente, y poco a poco comienza a pensar que estos pensamientos negativos no son suyos. Son el resultado de una energía mala o estancada que fue la razón del bloqueo de sus chakras.

Cuando lleve el cuarzo ahumado como colgante o lo lleve en el bolsillo, le ayudará a gestionar sus emociones. Podrá manejar sus sentimientos negativos de ira o frustración con mucha más facilidad. Esto se debe a que se vuelve más lúcido y comienza a pensar en la raíz de estos sentimientos. Los sentimientos de culpa, ira y arrepentimiento pueden debilitar su salud mental, y puede acabar sintiéndose desesperado e impotente porque no puede entender por qué se siente así.

Esta energía negativa puede provenir de las personas que le rodean o de verse obligado a trabajar en un empleo que odia o a hacer cosas que son perjudiciales para su salud física como fumar, abusar de sustancias, comer en exceso o incluso beber demasiado café. Cuando se encuentra recurriendo a menudo a este comportamiento, es una señal de que su chakra de la corona está desequilibrado. Puede utilizar un cristal de cuarzo ahumado para estimular su chakra de la corona y convertir sus adicciones en un hábito positivo. Aprenderá que estos hábitos contribuyen a su ansiedad en primer lugar, lo que le ayudará a dejarla. Un buen consejo es utilizar las cuentas de cuarzo ahumado durante la meditación para ayudarle a superar sus ansias de nicotina. También puede intentar utilizarlas para dejar otros hábitos nocivos como la bebida o el juego.

A veces, puede sentirse ansioso por pequeñas cosas como preocuparse por olvidar cosas todo el tiempo o salir de casa y pensar demasiado en si cerró la puerta o no. Cuando tenga estos pensamientos irracionales, tenga en cuenta que proyecta estos sentimientos negativos hacia las cosas que le preocupan. Por ejemplo, si se preocupa constantemente por haber dejado el coche sin cerrar, acumula más energía negativa en este pensamiento, lo que hace que se haga cada vez más grande. Ayuda dejar pequeños trozos de cuarzo ahumado en el coche o alrededor de la casa para promover una sensación de calma y de conexión a tierra. Después de un tiempo, puede notar que no se ha preocupado por estas cosas, o incluso puede olvidar que alguna vez se preocupó por ellas en primer lugar. Comienza a reconocer sus miedos irracionales y a hacer las paces con ellos.

Otra fuente de ansiedad proviene de un chakra de la garganta desequilibrado. Cuando su chakra de la garganta está bloqueado, le resulta más difícil conectar con los demás. Esto se debe a que usted lucha con la autoexpresión y la expresión de sus opiniones, lo que desencadena la ansiedad social. Es posible que evite las confrontaciones, hablar en público o ser el centro de atención en cualquier reunión de grupo. Un bloqueo del chakra de la garganta es peligroso porque también afecta a los chakras del corazón y del plexo solar, lo que provoca más ansiedad, aislamiento y soledad.

El cristal de fluorita azul es excelente para hacerte vivir el momento. Una fuente importante de ansiedad es pensar constantemente en diferentes escenarios en su cabeza y no lidiar con esos pensamientos. Esto le hace extremadamente vulnerable a los obstáculos y desafíos de la vida, por lo que tiende a aislarse de los demás. La fluorita azul le ayuda a dejar de lado estas ansiedades y a centrarse en el momento actual. Le ayuda a reafirmarse y a establecer límites saludables en sus relaciones. Cuando se vuelve más asertivo, adquiere más confianza en sí mismo y es más decisivo, lo que le ayuda a organizar sus pensamientos y a tomar el control de su vida.

La fluorita azul está relacionada con el elemento agua. Esto se debe a que el elemento agua también se relaciona con la tranquilidad y la limpieza energética. Puede colocar algunos trozos de fluorita azul en su baño. Asegúrese de utilizar aceites esenciales calmantes como la manzanilla y la lavanda para crear una experiencia relajante. Los cristales ayudarán a promover la relajación y a elevar sus frecuencias energéticas para crear un mejor equilibrio en su chakra de la garganta.

Insomnio

Los pensamientos negativos que nublan su mente le impiden tener un sueño de calidad. Cuando se siente constantemente estresado y ansioso, el insomnio se convierte en un síntoma común. Puede que esté agotado y piense que se va a quedar dormido, pero pronto sus pensamientos se agolpan en su mente. Eso sí que dificultará su sueño. Una mente nublada es un síntoma de un chakra del tercer ojo bloqueado. Esto suele ocurrir cuando su mente está tratando de procesar mucha de la información recogida durante el día. Si es una persona muy sensible, esto puede resonar en usted. Recibe toneladas de estímulos durante todo el día, y comienza a procesarlos justo cuando intenta descansar. Su mente intenta categorizar todos los pensamientos y sentimientos que ha experimentado o intenta bloquearlos por completo. Estos intentos son la causa principal del bloqueo de su sexto chakra.

La danburita es un cristal maravilloso que puede ayudarle a clasificar estas piezas de información. Ayuda a excluir las cosas sin importancia que no son de utilidad para usted, pero es fundamental para sus chakras sexto y séptimo. Este cristal le conecta con su ser superior e interpreta ciertas señales que no era capaz de reconocer. Ayuda a que su intelecto brille sin ignorar su chakra del corazón. Al usar este cristal, disolverás la acumulación de pensamientos almacenados en su chakra del tercer ojo, lo que le ayudará a dormir mejor.

Puede utilizar un cristal de danburita antes de acostarse en combinación con algunos aceites esenciales relajantes. Utilice aceite de lavanda o manzanilla con su aceite facial favorito para frotar la zona alrededor de los ojos y el cuello hasta llegar a la parte de detrás de las orejas. Utilice el cristal para masajear estas mismas zonas para liberar la energía acumulada en su chakra del tercer ojo. Visualice sus pensamientos excesivos disolviéndose en el cristal mientras masajea estas zonas. Pronto se sentirá relajado y tendrá más sueño a medida que siga masajeando estos puntos. Repita esto cada noche hasta que sienta que está durmiendo mejor.

Pensar demasiado

Otra fuente de ansiedad está relacionada con el hecho de pensar demasiado en la vida y en las relaciones con los demás. Puede enfrentarse a una agitación emocional al iniciar una relación romántica o al romper con alguien. Esto también puede ocurrir cuando tiene una pelea intensa con un amigo cercano, un miembro de la familia o incluso un compañero de trabajo. Todos estos problemas están relacionados con su chakra del corazón. Cuando está desequilibrado, puede comenzar a sentirse ansioso por lo que los demás sienten por usted, y puede luchar con su sentido de autoestima.

La rodonita es una gran piedra que trabaja en su chakra del corazón. Ayuda a nutrir su corazón y a lidiar con los traumas emocionales. Este cristal trabaja tranquilizándote y aumentando su confianza para recuperarse de sus heridas emocionales. Le da un sentido de dirección y claridad para que pueda reconocer las cosas buenas en sus relaciones y alejarse de las malas. Puede llevar un colgante de rodonita a diario o utilizarlo solo cuando tenga problemas en sus relaciones. También es útil para prevenir ataques de pánico y episodios de estrés y ansiedad extremos.

Si está atravesando una ruptura, es normal que se sienta obsesionado o colgado por sus antiguos sentimientos. Podría estar enfadado con su pareja y volver a pensar en los acontecimientos pasados una y otra vez, lo que le mantendrá en esta agitación emocional. El cristal de rodonita puede ayudarle a sentir compasión y perdón hacia su pareja para seguir adelante. También puede ayudarle a superar los momentos difíciles a los que puede enfrentarse en cualquier relación.

Muchas mujeres pueden sentirse ansiosas después de una ruptura, ya que luchan con la desconexión física además de la emocional. La rodonita conecta con el centro del corazón y alivia la tensión que puedan experimentar. Se recomienda que las mujeres utilicen un huevo yoni de rodonita para promover una imagen corporal positiva si suelen luchar por sentirse rechazadas o traicionadas después de una relación poco saludable.

Autoduda

Todas las emociones negativas anteriores pueden conducir a una baja confianza en sí mismo y a la duda. Cuando su chakra del plexo solar está demasiado estimulado, su mente se verá inundada de pensamientos, lo que conduce a la ansiedad. Esta ansiedad puede manifestarse físicamente como fatiga crónica. Es posible que formule demasiados planes sin poder ejecutar ninguno porque le gusta la energía y se siente agotado todo el tiempo. La calcita cobalto alivia sus cargas emocionales y equilibra su tercer chakra.

Cuando su plexo solar está desequilibrado, puede preocuparse constantemente por cómo le perciben los demás. Puede luchar con pensamientos negativos, que pueden convertirse en sentimientos de tristeza y depresión. Si su segundo chakra no está lo suficientemente estimulado, puede ser incapaz de sentirse entusiasmado o apasionado por la vida. Comienza a dudar de sí mismo y se vuelve indeciso y perdido.

La calcita naranja es una gran piedra preciosa que ayuda a limpiar cualquier energía negativa en su segundo chakra. Cualquier emoción que tenga que ver con la liberación, y usted comienza a sentirse mejor acerca de sí mismo. Aumenta su autoestima, lo que le permite reconocer su autoestima y establecer límites saludables con las personas en su vida. La calcita es una piedra maravillosa que ayuda a traer paz y armonía a su cuerpo, mente y alma. Le ayuda a aceptarse y amarse a sí mismo por lo que es. Cuando es capaz de conseguirlo, su relación con los demás empieza a dar un giro positivo. Puede esparcir trozos de cristales de calcita por su casa o en su espacio de meditación para la limpieza energética.

Una mente tranquila

Cuidar su salud mental es crucial para su salud física y espiritual también. Cuando se preocupa por su salud en general, desencadena más sentimientos de ansiedad, que no necesita. Incluso si cuida su salud física llevando una dieta saludable y haciendo ejercicio con regularidad, puede tener pensamientos irracionales sobre la posibilidad de contraer una enfermedad o padecer una dolencia. Un chakra de la raíz desequilibrado puede desencadenar estas causas de estrés. Comienza a sentirse inseguro en su entorno físico, lo que hace que se preocupe por su salud. La fucsita es un excelente cristal que promueve la salud física al calmar sus pensamientos precipitados y disolver sus miedos irracionales. También le ayuda a conectar con su centro cardíaco para promover sentimientos de amor y compasión hacia sí mismo.

Cuando lleve este cristal como colgante en su vida diaria, comenzará a sentirse inclinado hacia hábitos de vida más saludables. Querrá mejorar su calidad de vida comiendo más sano y haciendo ejercicio. Es útil tener unas cuantas piezas de fucsita en el comedor o en la cocina para recordarle que debe tomar decisiones alimentarias más saludables. Le ayuda a motivarse para ser más activo físicamente, lo que aliviará su mente respecto a su salud física.

Durante las sesiones de meditación, puede utilizar la fucsita, especialmente cuando esté en un entorno natural. Intenta ir a un parque tranquilo donde pueda pisar el suelo con los pies descalzos. Sostenga el cristal en sus manos y sienta su energía amplificada por las plantas que lo rodean en la naturaleza. La fucsita está relacionada con el elemento tierra, por lo que magnifica la energía de las plantas y los árboles. Intente concentrarse en la energía que emana de las cosas naturales que le rodean. El cristal debería ayudarle a sentir estos efectos mucho más profundamente, lo que le ayudará a abrir sus chakras del corazón y de la raíz. También puede colocar su cristal cerca de las plantas de interior para promover una sensación de calma y armonía en su hogar.

A veces, su ansiedad puede nublar su juicio o hacer que se sienta atascado en ciertos asuntos que fueron más fáciles en el pasado. Puede utilizar la prehnita para promover una mejor memoria que le ayude a acceder a los conocimientos que ya tiene. El cuarzo cristal también es estupendo para despejar la mente y establecer sus intenciones durante la meditación. Elimina cualquier energía negativa y mueve la energía estancada para limpiar sus chakras. La amatista es conocida por su capacidad para despejar la mente y promover la sabiduría. Le permite acceder a su conocimiento interno y le ayuda a tomar decisiones en la vida.

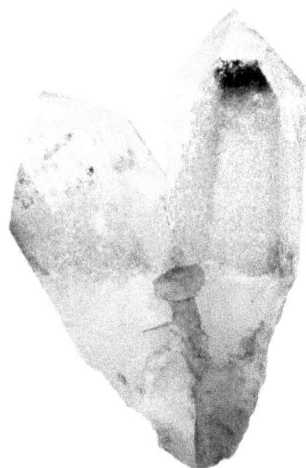

Si no puede concentrarse, intente colocar un cristal de apatita alrededor de su espacio de trabajo. También puede intentar llevar un colgante de apatita hasta que su mente esté clara y concentrada. La apatita ayuda a liberar la energía estancada del chakra de la raíz para ayudarle a sentirse con más energía. El lapislázuli es otro gran cristal que promueve la paz mental. Aporta claridad y le permite ver la situación actual desde todos los ángulos. Cuando obtiene este tipo de conocimiento, comienza a comprender las cosas, lo que le da poder y seguridad.

En este capítulo se han tratado diferentes cristales que se pueden utilizar en función del tipo de síntomas que estés experimentando relacionados con su salud mental. La mayoría de los asuntos de la mente están relacionados con sentimientos de ansiedad y estrés. Puede probar a utilizar algunos cristales con las instrucciones indicadas en este capítulo para descubrir cuáles le resuenan.

Capítulo 7: Cristales para las emociones

Los cristales son una forma excelente de complementar su régimen de autocuidado. Es importante que cuide su salud física, emocional y mental. La siguiente lista contiene los cristales más populares para diversas emociones; tenga en cuenta que no son curas o tratamientos para las condiciones emocionales. Más bien, pueden ayudar a proporcionar alivio junto con otros métodos de tratamiento como la terapia o la medicación.

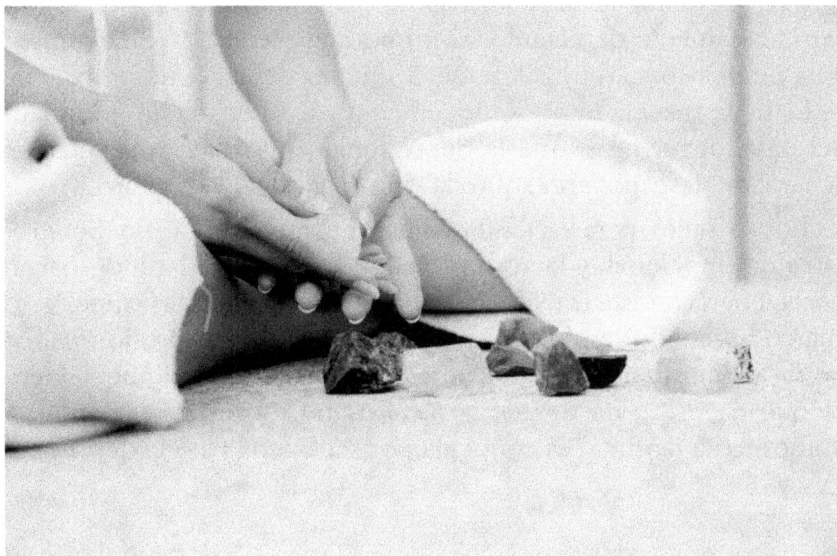

¿Qué son las emociones negativas?

Las emociones negativas pueden ser difíciles de manejar, y a menudo requieren ayuda profesional. La mayoría de la gente considera que las emociones negativas son la depresión, los trastornos de ansiedad, las enfermedades mentales inducidas por el estrés, como el TEPT, y la fobia social generalizada. También pueden incluir problemas de ira, como la rabia en la carretera o las tendencias violentas, que conducen a la violencia doméstica; sin embargo, es importante no confundir las respuestas emocionales normales con estos comportamientos peligrosos. La tristeza, la soledad, el miedo, los celos, la ira, la autocrítica, el rechazo y la inseguridad son emociones humanas normales. Cuando estos problemas se vuelven abrumadores o persisten durante un largo período de tiempo, se debe considerar la posibilidad de obtener ayuda profesional.

Cristales para las emociones negativas

Hay algunos cristales que pueden ofrecer alivio a estos sentimientos intensos.

- **Depresión**

Amatista, aventurina, cuarzo ahumado, ágata azul, dumortierita.

Un sentimiento de tristeza o depresión puede ser extremadamente debilitante. Es importante tener en cuenta que se trata de dos cosas muy diferentes y que no deben confundirse entre sí. La tristeza suele tener su origen en un acontecimiento traumático del pasado, mientras que la depresión es más bien una sensación general de desesperanza sobre la vida en general y el futuro.

Los cristales para la tristeza incluyen la amatista, un poderoso sanador emocional, y la aventurina, que puede ayudar a deshacerse de la energía negativa que suele acompañar a esta emoción. El cuarzo ahumado también es útil para liberar la depresión, ya que ayuda a enraizar las emociones y a liberar cualquier energía bloqueada. El ágata de encaje azul es refrescante y calmante. La dumortierita también es conocida por ser buena para la depresión.

• Trastornos de ansiedad

Amatista, aventurina, rodonita, lepidolita, ágata de encaje azul.

Los trastornos de ansiedad son extremadamente frecuentes en los Estados Unidos. Incluyen la ansiedad social (el miedo a ser juzgado por los demás), los ataques de pánico (sentimientos de temor o malestar inminente que resultan de una situación en la que uno se siente atrapado e incapaz de escapar), las fobias (miedos irracionales como el miedo a las arañas o a las alturas) y el trastorno de estrés postraumático (TEPT). Los cristales para la ansiedad son similares a los mencionados anteriormente. La amatista, que ayuda con la depresión y mejora el estado de ánimo, también es buena para el tratamiento de los ataques de pánico. La aventurina es calmante y tiene un efecto estabilizador de las emociones. La rodonita puede ayudar a dejar de lado los miedos. La lepidolita también es excelente para los trastornos de ansiedad y funciona especialmente bien cuando se combina con el cuarzo rosa o la amatista. Se sabe que el ágata de encaje azul ayuda a quienes sufren fobias sociales como el miedo escénico.

Los cristales que tienen energía terrestre, como la aventurina verde, son buenas piedras de conexión a tierra si se encuentra en una situación en la que se siente nervioso o ansioso.

• Cristales para los problemas de ira

Cuarzo rosa, kunzita, aventurina, ámbar (amarillo-naranja), rodonita.

Si lucha con problemas de ira y se ha encontrado al borde de la violencia más de una vez, es hora de tomar medidas antes de que las cosas se le vayan de las manos. Hay muchos cristales que pueden ayudar a calmar la ira y difundir la energía explosiva.

El cuarzo rosa suele considerarse la piedra del amor y la compasión. Cuando lleva La kunzita también ayuda a disipar la ira, ya que es una piedra que promueve la paz y la tranquilidad. Puede ayudarle a ver el punto de vista de la otra persona y a perdonar fácilmente. La aventurina es otra buena opción para los problemas de ira, ya que ayuda a disipar la energía negativa y promueve sentimientos de calma y paciencia. Con su energía cálida y soleada, el ámbar es útil para liberar la ira y la rabia. También puede ayudar a aumentar los sentimientos de bienestar y felicidad. La rodonita es una piedra que fomenta el autoperdón y puede ser muy útil cuando se intenta liberar la ira acumulada durante mucho tiempo.

• Cristales para los celos

Jade, aventurina verde, serpentina, unakita.

Los celos son una emoción extremadamente negativa y pueden ser muy destructivos. Hay muchas situaciones en las que sentir celos puede tener sentido, pero cuando se convierte en un estado mental crónico, entonces podría haber definitivamente algunos problemas con la autoestima o la forma en que se percibe a sí mismo en relación con los demás.

Los cristales para los celos incluyen el jade, que ayuda a promover la armonía manteniendo las energías equilibradas y manteniendo a raya las emociones negativas. La aventurina verde ayuda a reducir las dudas sobre uno mismo, que son la base de los celos. La serpentina puede ser muy calmante cuando se trata de problemas de celos, ya que tiene una energía calmante que sana las heridas emocionales y permite que prevalezca la paz interior. La unakita también funciona bien cuando se trata de reducir los sentimientos de envidia.

La aventurina verde es una piedra muy buena para curar los celos. Le ayudará a aceptar sus sentimientos y a trabajar con ellos para que no le abrumen, especialmente en situaciones en las que la persona de la que siente celos no se lo merece realmente.

- **Cristales para el dolor o la pérdida**

Ametrina, rodonita, cuarzo rosa, unakita.

Cuando alguien que amamos muere, o nos vemos obligados a dejar ir algo o a alguien que nos importa, puede ser una de las cosas más difíciles por las que tenemos que pasar. El dolor de la pena y la pérdida puede sentirse como si nunca fuera a terminar. Algunos cristales pueden ayudar con eso.

La ametrina puede ayudar a curar los sentimientos de culpa y de ira cuando se trata de la muerte, ya que proporciona un puente entre mundos diferentes. La rodonita es otra piedra que funciona bien para este tipo de situaciones, ya que le apoya mientras sigue adelante con el pasado, dejando ir y permitiéndole experimentar la felicidad de nuevo. El cuarzo rosa también apoyará su proceso de sanación ayudándole a abrir su chakra del corazón y a aceptar la pérdida. La unakita es útil cuando se trata de un duelo, ya que le anima a soltar los viejos apegos y a seguir adelante. También puede ayudar a estimular su creatividad, lo que puede ser una gran forma de expresar sus sentimientos sobre la pérdida.

Cristales utilizados para la sanación emocional

En esta sección, enumeraremos algunos de los cristales más populares utilizados para la sanación emocional. Esta lista no es de ninguna manera exhaustiva, pero debería ser un buen punto de partida si está buscando comenzar a trabajar con cristales para sanar sus emociones.

- **Cuarzo rosa**

El cuarzo rosa se considera la piedra del amor y la compasión. Cuando lleva o usa el cuarzo rosa, puede abrir su chakra del corazón y permitir la entrada de sentimientos de amor y felicidad. El cuarzo rosa también puede ayudar a suavizar y calmar las emociones que han agitado su vida.

- **Amatista**

La amatista es una piedra poderosa para la curación emocional. Se sabe que es útil en casos de estrés, ansiedad, miedo y rabia. La amatista puede promover la paz interior y la tranquilidad y ayudarle a ponerse en contacto con sus sentimientos.

- **Lapislázuli**

El lapislázuli es una piedra de la verdad y la iluminación. Puede ayudarle a acceder a su intuición y a su sabiduría superior y puede utilizarse con fines de curación emocional. El lapislázuli también puede ayudar a liberar pensamientos y emociones negativas y promover la autoaceptación. También se sabe que es inmensamente poderoso para sanar la depresión.

- **Citrino**

El citrino es una piedra de felicidad y alegría. Puede ayudar a disipar las emociones negativas como la ira, la envidia y la codicia. El citrino también puede promover sentimientos de autoestima y confianza en sí mismo, por lo que es una gran opción para aquellos que luchan con la baja autoestima.

- **Diamantes**

Los diamantes son conocidos como el maestro sanador y ayudarán a sanar sus emociones, su mente, su cuerpo y su espíritu si los lleva consigo o las usas regularmente. Si hay un problema que necesita sanación en cualquiera de estas áreas de su vida, los diamantes pueden ser extremadamente beneficiosos para la sanación emocional.

- **Jade**

El jade es una piedra de la calma y la serenidad. Puede calmar la mente y las emociones y puede ser útil en casos de estrés, ansiedad o ataques de pánico. El jade también es conocido por ser beneficioso para aquellos que están luchando con la depresión o el trastorno bipolar.

• Piedra de luna

La piedra de luna es una piedra de la intuición y el misterio. Puede ayudarle a conectar con su mente subconsciente y puede ser utilizado para fines de sanación emocional. La piedra de luna también es conocida por promover sentimientos de paz interior, armonía y equilibrio.

• Zafiro

El zafiro es una piedra de crecimiento espiritual e iluminación. Puede ayudarle a conectarse con su ser superior y puede utilizarse con fines de sanación emocional. El zafiro también es conocido por promover sentimientos de paz interior, armonía y equilibrio.

- Ágata bandeada

El ágata bandeada es una piedra de protección. Puede ayudar a alejar la energía negativa y promover sentimientos de seguridad y protección. Esto hace que sea una gran elección durante las sesiones de sanación emocional, así como para el uso diario en general.

- Apatita

Muchas culturas han utilizado la apatita para la sanación emocional. Es una piedra de cambio positivo y puede promover la esperanza, la felicidad y la alegría. La apatita también puede ser útil en los casos en que alguien quiere perder peso o curar la adicción.

Uso eficaz de los cristales para la sanación emocional

Si está utilizando cristales para la sanación emocional, debe elegir los adecuados. Hay algunas cosas que le ayudarán a hacer esto más fácil:

- Elija sus cristales con cuidado

No hay manera de predecir qué cristales o piedras funcionarán mejor para su situación específica. Sin embargo, hay ciertas cosas que puede hacer para aumentar sus posibilidades de encontrar las piedras adecuadas para la sanación emocional:

Busque un espacio tranquilo y tómese un tiempo para relajarse. No siempre es posible elegir los cristales con eficacia cuando se está estresado o distraído por otras preocupaciones. Asegúrese de elegir una buena selección de piedras apropiadas para que estén disponibles cuando esté listo para usarlas.

- Piense en las emociones que quiere tratar

Si tiene una emoción específica que le gustaría trabajar, puede ser útil elegir los cristales en función de ella. Por ejemplo, si está luchando contra la ansiedad, entonces vale la pena considerar el uso de piedras como la amatista o el lapislázuli.

También puede elegir cristales relacionados con las emociones que quiere evitar tener, como la ira o la depresión. Esto no significa que deba llevar esas piedras todo el tiempo, pero le da una buena idea de qué tipos de piedras pueden ser mejores para su situación.

- **Pregunte a un experto**

Si hay emociones específicas que le cuesta abordar, o si no sabe por dónde comenzar cuando se trata de elegir cristales para la sanación emocional, entonces puede ser útil hablar con un experto. Muchas personas ofrecen consultas para este propósito, y pueden ayudarle a comenzar su viaje de autosanación.

- **¿Cuánto tiempo tardan los cristales en hacer efecto?**

Esta pregunta no tiene una respuesta definitiva. Los efectos de los cristales varían de una persona a otra. Sin embargo, en general se recomienda utilizar los cristales para la curación emocional de forma regular para obtener los mejores resultados posibles. Esto podría significar llevarlos alrededor del cuello, guardarlos en el bolsillo o utilizarlos durante las sesiones de curación emocional.

La mayoría de la gente ve los resultados en unos pocos días o semanas, aunque a algunas personas les puede llevar más tiempo. Si utiliza los cristales con regularidad, los resultados serán acumulativos y más potentes que si solo los utiliza ocasionalmente.

Uso de los cristales para la sanación emocional - Consejos adicionales

Cuando utilice cristales para trabajar sus emociones, es importante que trate estas piedras con respeto. Puede ser tentador comprarlas al por mayor o tomar grandes cantidades de gemas sin cortar de la tierra, pero esto no es recomendable porque puede causar problemas con las delicadas energías asociadas a cada piedra.

Además, siempre debe limpiar sus cristales antes de utilizarlos con fines de sanación emocional. Esto eliminará cualquier energía negativa asociada a las piedras, lo que puede evitar que se activen emociones no deseadas con ellas. También es una buena idea asegurarse de que no están cerca de ningún dispositivo electrónico, ya que este también puede alterar sus energías.

Cuando se trabaja con cristales para la curación emocional, es importante recordar que cada persona es diferente. Lo que funciona para una persona puede no funcionar para otra, por lo que es importante experimentar hasta encontrar lo que mejor funciona para usted. Hay muchos cristales y piedras diferentes que se pueden utilizar para este fin, así que, tómese su tiempo y encuentre aquellos con los que usted se siente bien.

¿Debería usar el cristal de otra persona?

Si tiene la oportunidad de pedir prestados o utilizar los cristales de otra persona para la curación emocional, esto podría ser una buena manera de proporcionarse a sí mismo un apoyo adicional. Sin embargo, es importante que usted limpie las piedras de otras personas antes de utilizarlas porque pueden contener energía negativa de su anterior propietario. Esto puede perturbar cualquier trabajo que esté realizando y dificultar la obtención de los resultados que desea.

También es una buena idea no utilizar sus piedras en combinación con las de otros, ya que esto podría causar confusión y dificultar la determinación de cuál tiene un efecto sobre sus emociones. Por ejemplo, si uno de sus cristales le provoca ansiedad, pero otra piedra se la alivia, es posible que no sepa qué piedra está actuando y por qué.

Si decide utilizar los cristales de otras personas con fines de curación emocional, asegúrese de que son de alguien que tiene sus mejores intereses en el corazón. Lo último que quiere es que una persona emocionalmente inestable le dé un cristal. Esto podría causar problemas a sus propias emociones.

Por otro lado, si tiene un vínculo particularmente fuerte con alguien, entonces puede ser útil utilizar sus cristales para la sanación emocional. Esto se debe a que ya contendrán parte de la energía de esa persona, lo que significa que su cuerpo debería responder más rápida y fuertemente que cuando se trabaja con piedras de extraños o de personas que solo son conocidas.

Etiquetar los cristales

Puede ser útil etiquetar sus cristales para saber cuáles ha utilizado para la sanación emocional y cuáles aún no ha probado. Esto es especialmente importante si está utilizando un gran número de piedras. Puede ser difícil recordar lo que hace cada una sin algún tipo de recordatorio. Puede utilizar pequeños trozos de papel de colores o incluso hacer sus propias etiquetas que puede pegar en cada piedra, o puede hacer una bolsa y añadir una etiqueta.

Los cristales se han utilizado durante siglos para curar las emociones. Los cristales de este capítulo pueden ayudarle a manejar sus emociones de forma saludable. Recuerde que los cristales no deben utilizarse como sustituto del tratamiento médico. Si tiene problemas emocionales graves, consulte a un terapeuta.

Capítulo 8: Cristales para el espíritu

En los últimos años, el uso de cristales como parte del autocuidado ha ganado en popularidad. Cuando se utilizan correctamente, los cristales proporcionan la energía sanadora de la tierra. Emiten vibraciones edificantes, positivas, calmantes y energizantes que le ayudan a conseguir una mente más tranquila. En este capítulo se explica cómo se pueden utilizar los cristales durante la meditación para aumentar la conciencia de uno mismo, potenciar las capacidades psíquicas o facilitar las conexiones con los espíritus. La mayoría de estas piedras son de color púrpura, lila, violeta, blanco o con tonos de arco iris. Sin embargo, ninguna investigación científica apoya la afirmación de que los cristales puedan curar enfermedades. Por lo tanto, hay que saber que los cristales no pueden sustituir un tratamiento médico. Se recomienda consultar a un médico si se padece una enfermedad específica.

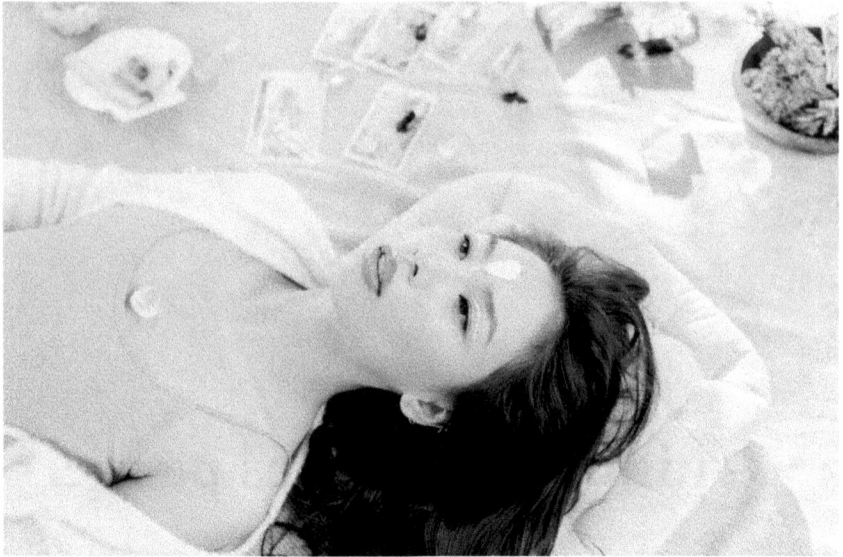

¿Para qué se puede utilizar la sanación con cristales?

Aunque no existe ninguna investigación científica que respalde el valor medicinal de los cristales, no debemos despreciar su poder. Se cree que los cristales pueden tener algunos beneficios sobre la salud mental y física. Este efecto es principalmente un placebo. Los cristales también pueden reforzar la fe y las creencias religiosas.

¿Cómo elegir los cristales adecuados?

Al elegir los cristales, lo primero que debe hacer es determinar sus necesidades de bienestar o salud, como aumentar la serenidad o aliviar la ansiedad. Hay varios tipos de cristales, y se pueden utilizar de diferentes maneras. Cada tipo de piedra tiene un propósito, por lo que su elección depende de lo que esté buscando. Los cristales también pueden usarse como joyas, y proporcionan poderes calmantes si los llevas encima.

Los distintos tipos de cristales tienen una energía única y se utilizan para diversos fines. Debe conocer el uso de cada cristal específico antes de adquirir uno. Cuando elija la piedra, debe confiar en su intuición. Los siguientes son algunos de los cristales que puede considerar para dar un impulso a su espíritu.

• **Cuarzo claro**

Se cree que el cuarzo claro es el maestro sanador y es ideal para los sanadores, ya que es un conductor neutral. Puede cargar sus intenciones mientras medita, dado que tiene más energía. También ayuda a amplificar sus pensamientos y las vibraciones de otros cristales. Puede utilizar el cuarzo claro para ayudarle a conectar con su intuición, su yo superior y sus guías espirituales.

• **Turmalina negra**

Esta piedra protectora ayuda a bloquear la energía negativa para que no penetre en su espacio ni afecte a su nivel de energía. Puede colocar las piedras en todos los rincones de su habitación para proteger su entorno, o simplemente puede ponerlas en su escritorio. Combate eficazmente la negatividad que puede afectar a su vida de diferentes maneras. Este cristal no tiene poderes curativos, pero puede protegerle contra los espíritus malignos.

- **Amatista**

Si a menudo tiene problemas para dormir o quiere encontrar consuelo de un día ajetreado, la amatista es la piedra ideal para usted. Ofrece energías calmantes por lo que puede ponerlas en su dormitorio. También desempeña un papel fundamental en la eliminación de la energía negativa de su espacio. Es una piedra de los chakras del sexto ojo. También le ayuda a aprovechar su intuición y a conectarse con los espíritus superiores. Para utilizar la amatista, puede colocarla en una botella de agua y beber el agua. Asegúrese de limpiar bien la piedra antes de usarla.

- **Citrino**

Esta es una piedra brillante y soleada que ofrece alegría y felicidad. También catapulta a las mujeres a abrazar roles de liderazgo y mejorar el rendimiento de sus negocios. El citrino se asocia con la riqueza y la creatividad. También le da confianza en sí misma y le ayuda a disfrutar de una vida sana. Para utilizar esta piedra, colóquela encima de billetes limpios en su escritorio. Estos billetes limpios muestran que el dinero que recibirá tiene energía fresca. Encima del citrino, también puede añadir otros elementos que simbolicen la abundancia y el poder. Puede añadir una foto de alguien a quien admire o admire.

También puede añadir un árbol del dinero a su altar, ya que el verde simboliza el crecimiento, el dinero y la prosperidad. Cuando haya terminado de decorar su altar de la abundancia, debe activarlo. Puede hacerlo realizando una ceremonia en la que queme salvia o palo santo para limpiar el aire en el entorno del altar. También necesita poner energía positiva en sus pensamientos. Sostenga el dinero en sus manos y visualice la fortuna que va a conseguir. Repita el ritual una vez al día durante treinta días.

- **Aguamarina**

Estas piedras se utilizan para hacer collares, y ayudan a amplificar la energía de su garganta. Se llevan en forma de collar. Estos cristales pueden ayudarle con proyectos creativos, y también son buenos accesorios si está experimentando conversaciones difíciles, ya que ayudan a abrir el chakra de la garganta.

- **Cuarzo rosa**

Este cristal también es conocido como la piedra del amor, y puede ayudar a abrir su corazón a diferentes formas de romance. Debe sostenerlo sobre su corazón para alinearlo con su energía. Debe mantenerlo en el dormitorio ya que promueve la energía positiva y ofrece amor incondicional. Primero, debe limpiar su cuarzo utilizando la luz del sol, la salvia, el agua salada o la luz de la luna.

- **Rubí**

Este es un cristal milagroso que le ayuda a ganar vitalidad y confianza en la vida. Despierta sus chakras y ayuda a eliminar los miedos que pueden afectarle de diferentes maneras. La piedra está llena de energía y proporciona vibraciones positivas. Con este cristal, puede adquirir seguridad en sí mismo en las distintas tareas que tenga que realizar. También atrae el amor y le anima a quererse a sí mismo y a apreciar a las personas que le rodean.

- **Piedra de luna**

La piedra de luna nos proporciona vínculos con nuevos comienzos y también nos inspira a ponernos en contacto con nuestras emociones y nuestra naturaleza. Abre el corazón a nuevas posibilidades y oportunidades. Puede utilizar esta piedra en particular si tiene ganas de comenzar algo nuevo en su vida. El cristal también aumenta su confianza en lo que vaya a hacer para lograr sus objetivos deseados.

• Calcita verde

Cuando se siente atascado, este cristal aumenta su energía y fomenta la transformación a través de sus poderes curativos. También ayuda a aliviar los bloqueos que pueden impedirle crecer.

• Ópalo rosa

Si a menudo experimenta problemas para controlar su temperamento, se recomienda utilizar el ópalo rosa. Sus propiedades ayudan a las personas a liberar la ira y la tensión. También promueve la serenidad. El cristal también le ayuda a lidiar con situaciones estresantes.

• Cianita

Se cree que esta piedra refuerza el vínculo entre el cuerpo y la mente. Fomenta la intuición y puede cambiar positivamente su vida diaria. Puede utilizar la piedra para guiarse cuando planee hacer algo específico.

• Pirita

Es un cristal polivalente que protege todos los niveles. Desempeña un papel fundamental para alejar la energía negativa. Si cree que ciertas fuerzas están obstaculizando su progreso, puede utilizar esta piedra en particular.

• Hematita

Este es un cristal popular que ayuda a bloquear la energía negativa, que tiene la costumbre de mermar la confianza en uno mismo. Le permite concentrarse y puede utilizarlo cuando vaya a realizar un examen o una entrevista importante. La piedra también mejora la memoria y la concentración. Invita a la fuerza de voluntad, la audacia y la confianza. Este cristal también puede reforzar su autoestima y desviar la negatividad. Condensa sus sentimientos y puede utilizarlo para convertir diferentes cosas en claridad.

• Selenita

Esta piedra ayuda a despejar todas las vibraciones acumuladas durante el día. Proporciona un flujo de energía pacífico. Este cristal es extremadamente eficaz si busca una inyección de moral instantánea.

Recuerde cargarlo colocándolo a la luz directa de la luna o del sol durante unas cuatro horas. Esto ayudará al cristal a ganar más energía.

• Piedra solar

Este es el mejor cristal que puede utilizar para aumentar su confianza. Posee una luminosidad y un brillo específico que le ayuda a encontrar el lado brillante en su vida. La piedra solar potencia su talento oculto y también le hace sentirse mejor y permanecer positivo en cualquier cosa que haga. Se cree que este cristal convoca la energía del dios sol y activa la kundalini que le proporciona energías potenciadoras. La piedra solar también le da un brillo intenso y vibraciones que ayudan a proteger su espíritu del mundo tóxico e imperfecto. Otro beneficio de esta piedra en particular es que aleja la negatividad y proporciona poderosos rayos que le protegerán contra los hechizos negativos. En los momentos más difíciles, puede recurrir a los poderes de este cristal. También puede utilizarlo cuando esté estresado o simplemente quiera obtener alivio de las cosas que no puede controlar.

¿Cómo se medita con cristales?

Para comenzar a meditar con cristales, debe elegir las piedras adecuadas, y debe estar dispuesto a practicar si aún es un principiante. Tiene que hacer que la meditación forme parte de su rutina diaria si quiere alcanzar los objetivos deseados. Para comenzar, tiene que establecer el estado de ánimo y definir su intención. Busque un lugar ideal donde no le molesten. Asegúrese de ajustar la iluminación. También puede necesitar otras herramientas como velas, incienso, aceites esenciales, imágenes de sus antepasados y objetos sagrados. Debe tener preparados los cristales que vaya a utilizar. Asegúrese de llevar ropa cómoda.

- Limpieza

Antes de comenzar a meditar, debe limpiar sus cristales, y puede hacerlo pasándolos por el incienso, especialmente por el humo de salvia. También puede utilizar sonidos como cánticos o cuencos cantores. Asegúrese de declarar su intención cuando realice este tipo de acciones. El otro método que puede considerar es poner su cristal bajo el agua corriente o sumergirlo en agua salada. Sin embargo, debe saber que otros métodos de limpieza son apropiados para determinados cristales, así que investigue primero.

- **Conexión a tierra**

Conéctese a tierra y pida a su yo más elevado que le guíe en la sesión de meditación. Debe establecer su intención y pedir permiso a sus cristales para utilizar sus vibraciones. Simplemente debe conectarse con su intuición para obtener respuestas a las diferentes preguntas que pueda tener. Conéctese con su respiración y manténgala relajada para ver a dónde le llevan las energías. Puede cerrar los ojos mientras medita, pero recuerde mantener un nivel de alerta. Aunque los pensamientos que le distraen son normales, no debe permitir que afecten a su meditación. Puede sentir las vibraciones de los cristales, los pensamientos y las visiones.

- **Controlar el tiempo**

Cuando medite, debe controlar el tiempo y asegurarse de no mantener los cristales en el cuerpo durante más de 20 minutos. Si los cristales le hacen sentirse incómodo, retírelos y beba un poco de agua.

- **Cierre de la práctica**

Debe terminar su sesión de meditación tomando plena conciencia de su entorno. No debe apresurarse a beber agua para desintoxicar su cuerpo. Necesita tiempo para asimilarlo mientras se deshace de las vibraciones negativas. Recuerde que la meditación es un proceso, así que no se apresure, ya que puede perder su esencia. Cuando establezca sus intenciones, trate de ser específico. Si quiere obtener más energía, intente visualizar cómo la va a utilizar. Además, debe tener pensamientos tranquilizadores si desea obtener paz.

Se recomienda que se siente en silencio mientras sostiene las piedras con ambas manos. Piense en sus objetivos y las piedras absorberán su intención y se activarán. Puede utilizar sus cristales de la forma que desee. Por ejemplo, puede llevarlos como joyas o colocarlos en el alféizar de su ventana o en su escritorio. Puede sostener sus piedras cada vez que necesite recordar algo de su intención.

Todos los cristales pueden ayudarle a conseguir sus objetivos si los utiliza correctamente. Todo lo que necesita hacer es establecer su intención y hablar en voz alta. La mejor manera de utilizar los cristales para la meditación es colocarlos en el entorno. Comience por cerrar los ojos y concentrarse en sus patrones de respiración. Necesita respirar profundamente para obtener energía curativa, y esto también puede ayudarle a sentir los cristales fluyendo en su sangre. Debe seguir concentrándose en el objetivo de lograr la autoconciencia. Cuando medite, evite las prisas, ya que esto puede afectar a sus objetivos deseados.

- **Sanación de los chakras**

Existen principalmente siete chakras vinculados a diferentes partes de nuestro cuerpo. Estos chakras nos ayudan a transmitir y recibir energía espiritual, emocional y física. La meditación con cristales ayuda a limpiar y equilibrar sus chakras para conseguir un bienestar óptimo y mejorar la conciencia de sí mismo. Cada chakra proporciona una frecuencia energética diferente que muestra cómo tratamos subconscientemente varios aspectos de nuestras vidas.

Si elige un cristal con una energía similar a la de su chakra preferido, ganará en sanación y disfrutará de un equilibrio en su vida. Por ejemplo, el chakra del tercer ojo está situado en el entrecejo y se centra en el autodescubrimiento, la intuición y el poder psíquico. Puede utilizar diferentes tipos de piedras para promover este tipo de curación, como la apatita azul, el lapislázuli y la tanzanita.

Para mejorar el conocimiento de uno mismo, hay que entender las áreas en las que hay que centrarse. Intente encontrar un cristal que se adapte a la energía de ese chakra en particular. Siéntese y coloque la piedra en el chakra correspondiente. Intente concentrarse en la respiración, y sentirá la energía de la piedra fluyendo por su cuerpo. Mientras respira profundamente, intente visualizar todos los pensamientos y sentimientos negativos que puedan estar bloqueando su chakra. Los cristales absorberán la negatividad y dejarán que su cuerpo se sienta libre.

- **Construir la confianza**

La confianza no tiene que ver con cómo habla uno, cómo se ve o cuánto éxito ha logrado en la vida. Es algo que viene de dentro. Sin embargo, puede darse cuenta de que a veces puede faltarle confianza como resultado de diferentes factores. Incluso cuando nadie cree en usted, es vital trabajar para fortalecer sus capacidades. Sin embargo, no hay una solución rápida ni se puede aumentar la confianza en uno mismo. Tiene que dar pequeños pasos para abordarla.

Si quiere aumentar su confianza, tiene que dejar de compararse con los demás. Los cristales pueden ayudarle a mejorar su confianza en sí mismo, ya que desempeñan diferentes funciones en nuestra vida. Debe elegir las piedras ideales que le ayuden a creer en sí mismo. Tiene que hacer una investigación para conocer los diferentes tipos de piedras que puede utilizar para aumentar la confianza en sí mismo.

No existe ninguna energía científica que apoye la afirmación de que los cristales pueden curar enfermedades. Las enfermedades no son causadas por las ondas o la energía negativa. Sin embargo, los cristales proporcionan beneficios físicos y mentales si se utilizan correctamente. A la hora de elegir un cristal, debe fijar su intención y saber qué quiere lograr para conseguirlo.

Capítulo 9: Cristales para la protección

Casi todas las culturas y religiones del mundo representan la energía negativa. Ya sea el mal de ojo, la magia negra o simplemente la envidia, casi todas las tradiciones del mundo mencionan algún tipo de energía negativa. Como humanos, nos enfrentamos a mucha energía negativa. Tanto si somos la fuente de la energía como si la recibimos, puede tener un impacto perjudicial en nuestras vidas.

Cómo protegerse de la negatividad

Hay muchas maneras en que una persona puede influir en su vida a través de la energía negativa y otras formas de magia agresiva. Esto puede afectar a su estado emocional, espiritual, mental o incluso físico. Los cristales protectores y los que tienen propiedades curativas o incluso los que contrarrestan la energía negativa pueden beneficiarte de varias maneras. Por ejemplo, uno de los problemas más comunes que tienen las personas cuando son víctimas de la envidia y los celos es que se sienten como si tuvieran un gran peso sobre sus hombros. Se sienten extremadamente cansados, agotados, fatigados e incapaces de hacer las cosas cotidianas. Este tipo de energía negativa afecta a su espiritualidad y puede tener un impacto físico.

Del mismo modo, si está en un entorno estresante, tal vez en su trabajo o simplemente en su casa, la energía negativa procedente de las personas que le rodean puede tener un efecto similar. En este caso, puede que estas personas no quieran realmente hacerte daño, pero el hecho de que sea el foco de su atención y el culpable del problema para ellos, le convierte en el receptor de su energía. Por ejemplo, si es profesor, no es culpa suya que los alumnos no hayan hecho bien los exámenes, pero el hecho de que sea usted quien los corrija concentra su energía en usted. Algo similar ocurre con las personas que trabajan en otras funciones de alto estrés, como los médicos, los agentes de bolsa y los que trabajan en servicios de emergencia. A veces, no puede evitar ser objeto del mal humor de otra persona, aunque no sea directamente culpa suya.

También hay situaciones más complicadas en las que se quiere tener alguna buena forma de protección contra la negatividad y la energía oscura. Por ejemplo, los que participan en viajes astrales o los que son sanadores y tienen que tratar con pacientes que llegan con todo tipo de problemas necesitan tener una buena protección para salvaguardarse mientras hacen su trabajo.

Además, no podemos olvidar que a veces son la magia negra y las maldiciones las que la gente utiliza. Esto suele ocurrir cuando la gente ha ido más allá del nivel de simplemente odiarle o estar celoso de usted, y realmente quieren hacerle daño hasta el punto de recurrir a tales tácticas. Por suerte, las piedras protectoras no solo bloquean estas energías y las detienen en su camino, sino que incluso pueden empujar estas energías de vuelta a su lugar de origen, para que impacten en el remitente. De esta manera, no solo le protegerán de cualquier energía negativa que venga hacia usted, sino que pueden ser su defensa, así como su ofensiva, para todos estos problemas. Incluso en el caso de las maldiciones, estas piedras pueden ayudarle a eliminar el maleficio y devolverlo a quien se lo envió. En definitiva, los cristales proporcionan una amplia protección contra una gran variedad de amenazas. Veamos algunos de los mejores cristales que puede utilizar para protegerse.

Cristales para la protección

- ## Cuarzo claro

El cuarzo claro es un cristal asociado con la claridad y la pureza y está regido por el Arcángel Miguel. Es un cristal que se utiliza a menudo para aportar claridad a su portador. Sus propiedades de limpieza también lo convierten en un gran cristal para limpiar la energía negativa y restaurar el equilibrio. Lo importante que hay que recordar cuando se utiliza el cuarzo claro es que, al ser tan transparente, es un cristal muy impresionable. Sean cuales sean tus intenciones, las magnificará y trabajará en esa dirección específica. Siempre que utilice el cuarzo claro, es importante que establezca exactamente lo que quiere y cuáles son sus intenciones para obtener el máximo valor de este cristal. Esto le ayudará a combatir la negatividad y a aportar claridad a su mente y le ayudará a navegar a través de los desafíos con un mejor enfoque y un sentido más claro de la dirección.

- ## Labradorita

La labradorita es una piedra extremadamente poderosa con muchas propiedades místicas. El color base de esta piedra es el negro oscuro, y está cubierto con tonos de arco iris que colorean todo el espectro. Combinado con su naturaleza brillante, da al portador una gama de fuerzas y también mucha protección.

Esta piedra es la opción ideal para combatir maldiciones y maleficios. También funciona muy bien para mantener su propia energía y ayudarle a prevenir las fugas de energía. La naturaleza multicolor de esta piedra le permite explorar sus propios puntos fuertes. La base de color negro profundo le ayuda a mantener la calma y la tranquilidad, mientras que también le protege de las fuerzas externas. Esta piedra puede utilizarse para protegerse a todos los niveles, ya sea emocional, espiritual, mental o físico. También le protegerá de la mala atención que puede conducir a la envidia o los celos.

• Cianita azul

La cianita azul es un poderoso protector y sanador. Además, la fuerte relación de esta piedra con su chakra de la garganta y el chakra del tercer ojo significa que puede ayudarle a desarrollar más claridad en su pensamiento y obtener una mejor comprensión de por qué o cómo se enfrenta a la energía negativa.

Esta piedra es una opción ideal para quienes buscan curarse de la presión social, de una relación abusiva o simplemente de una mala actitud de la gente que les rodea. También da a su portador la fuerza necesaria para decir la verdad y abordar los problemas a los que se enfrenta de frente. Ya sea que esto signifique hablar con la persona con la que tiene problemas o enfrentar sus propios desafíos de una manera más directa. Esta es también una gran piedra para tener con usted en todo momento para proporcionar protección contra todo tipo de males.

- **Hematita**

Aunque se trata de una piedra negra, tiene una gran cantidad de hierro, y tiene un brillo muy metálico. Esto hace que la hematita sea un tipo de piedra protectora muy diferente. Al igual que otras piedras protectoras, la hematita también absorbe la energía negativa y otras energías de baja frecuencia, pero también crea una barrera alrededor del portador. El exterior brillante de esta piedra crea una barrera alrededor del portador en la que se refleja cualquier energía negativa y otras frecuencias dañinas dirigidas al portador. Además, uno de los principales problemas de la energía negativa es que corta la capacidad de conexión a tierra del objetivo. Esta piedra también supera este problema gracias al alto contenido de hierro que posee. De hecho, muchas personas utilizan esta piedra exclusivamente por su capacidad de conexión a tierra. Cuando se utiliza como piedra protectora, no solo sirve para la defensa y el ataque, sino que también le ayuda a mantener su energía conectada a tierra y le da estabilidad en su vida. Esta piedra funciona de maravilla para las personas a las que les cuesta concentrarse en las cosas y para las personas que son sensibles a los comentarios y opiniones de los demás.

• Fluorita

Esta piedra se utiliza exclusivamente por sus características protectoras. Una de las mejores cosas de esta piedra es que tiene una capacidad única para camuflar su aura, haciéndole invisible a la gente que querría atacarle o enviarle maldiciones. Al mismo tiempo, es un excelente remedio para los problemas que surgen de los ataques de energía negativa, como los altos niveles de estrés, los comportamientos perjudiciales y otras consecuencias de la energía negativa.

Esta piedra ofrece una amplia gama de propiedades protectoras y también puede utilizarse para protegerse del estrés electromagnético y de la energía negativa de los objetos inanimados. Al ser altamente protectora, esta piedra absorbe la energía negativa para mantenerla en su máximo rendimiento.

• Amatista

La amatista es una piedra de muy alta vibración utilizada para cosas como la meditación, la espiritualidad y la paz mental. Es una piedra utilizada a menudo por las personas que tratan de alcanzar un nivel superior de conciencia e incluso aquellos que tratan de protegerse de los patrones de pensamiento negativo. Al ser una piedra de alta vibración, hace un trabajo fantástico para contrarrestar la energía negativa. Incluso puede convertir la energía de baja frecuencia en energía de alta frecuencia. Al mismo tiempo, proporciona una capa de protección contra todo tipo de asalto espiritual. Si se enfrenta a desafíos debido a una relación que no funciona o necesita fuerza interior para afrontar un determinado reto, esta es la piedra ideal.

• Cuarzo ahumado

Mientras que el cuarzo ahumado es generalmente conocido como una piedra con energía amistosa y una que es grande para el bienestar general, también es una piedra defensiva muy potente. Puede cambiar la energía negativa en energía positiva y puede proporcionar protección contra una amplia gama de ataques. Es una piedra curativa por naturaleza, y esto ayuda a proporcionar la energía para levantar la depresión, combatir la ansiedad, luchar contra el miedo, y todo tipo de problemas que resultan de un ataque espiritual. Además, si necesita una mejor conexión a tierra, esta piedra le ayudará a conseguirlo.

• Obsidiana negra

La obsidiana negra es posiblemente la piedra más poderosa que puede elegir cuando se trata de protección. Al nacer en los volcanes y ser el resultado de las erupciones volcánicas, combina los elementos de fuego, agua y tierra y tiene una naturaleza muy balística.

Aunque es muy potente, es una piedra muy sensible. Se resquebraja como el cristal y suele tener bordes extremadamente afilados, mucho más que muchos objetos fabricados por el hombre. Esta naturaleza afilada de la obsidiana negra se considera similar a su capacidad para cortar incluso los ataques espirituales más intensos. Puede ayudarle a cortar los lazos con las personas que tienen energía negativa, y puede cortar cualquier cosa en su vida que le esté causando problemas. Se considera la solución a cualquier tipo de magia negra o maldición, por muy avanzada que sea.

• Azabache

Esta es otra piedra protectora muy potente que funciona excepcionalmente bien contra la magia negra, los maleficios y las maldiciones. Lo interesante del azabache es que en realidad es madera fosilizada y no técnicamente una piedra, lo que añade madurez e intensidad a su naturaleza. Se utiliza a menudo para las personas que se considera que han regresado a la Tierra después de la reencarnación y se enfrentan a los desafíos que pueden estar llevando de una vida pasada. Sin embargo, al ser una madera muy densa, también absorbe muy rápidamente las energías negativas y por ello requiere mucha limpieza. Si tiene problemas financieros o sufre una enfermedad, esta es la piedra que debe tener.

- **Turmalina negra**

La turmalina negra es una piedra protectora en general que le da una gran sensación de conexión a tierra y aumenta la positividad. Es genial para absorber la energía negativa, y también transmuta esas bajas frecuencias en frecuencias mucho más altas que potencian los sentimientos positivos dentro del portador. También sirve como escudo espiritual y ayuda al portador a mantenerse alejado de los pensamientos negativos y de todo tipo de desafíos internos. También fomenta el vínculo entre su chakra raíz y la Tierra, lo que lo hace ideal para la conexión a tierra. Si busca protección contra los desafíos externos e internos, esta es la piedra que debe elegir.

- **Jade negro**

Puede ser fácil protegerse con algunas piedras, pero a veces puede ser difícil encontrar realmente la raíz del problema. El jade negro es una piedra a menudo asociada con la intuición y, por esta razón, es una gran piedra para usar cuando está tratando de llegar al fondo de un problema. Al mismo tiempo, también ayuda a desarrollar su intuición y le ayuda a vivir una vida menos complicada. Es una gran piedra protectora que también beneficia a su tercer ojo.

- **Pirita**

La pirita es otra piedra muy potente para la protección que también tiene grandes propiedades curativas. Es una de las que a menudo se confunden con el oro y se conoce como el oro de los tontos. Además, esta piedra tiene propiedades curativas tanto para el cuerpo como para la mente y puede contrarrestar la energía negativa. A menudo se asocia con el fuego. Es una piedra protectora que aleja la energía negativa y quema la energía y la negatividad que se experimenta. Al mismo tiempo, cuando se pule, puede ser extremadamente reflectante, por lo que se utiliza como piedra protectora que no deja entrar ninguna energía en su aura. Sin embargo, también es una de las piedras que requieren una limpieza y una carga regulares. Manténgala constantemente para obtener el mayor beneficio de esta piedra.

• Smithsonita

La smithsonita es una piedra que se utiliza a menudo por sus propiedades relajantes y calmantes que ayudan a calmar el alma, la mente y el cuerpo. Esta piedra tiene propiedades curativas muy fuertes y es especialmente útil cuando está protegiéndose de sus propias luchas y desafíos. No está destinada a protegerle de cosas externas. Le ayuda a aclarar las cosas en su propia mente y le da una protección que le hace sentirse cómodo en su propia piel. Es una gran piedra para aquellos que están pasando por problemas personales y los que se enfrentan a un montón de decisiones.

• Citrino

El citrino es una piedra asociada con la abundancia y la claridad. Ayuda a proteger al portador de los desafíos mentales, los pensamientos perturbadores y la energía negativa. Tiene la capacidad de cambiar la energía negativa en energía positiva, y también tiene un impacto positivo en el tercer ojo y los chakras de la corona. Ayuda con cosas como los malos pensamientos, los recuerdos perturbadores, los ataques de pánico, el nerviosismo y todo tipo de desafíos personales de naturaleza mental o espiritual.

Uso de los cristales para la protección

Los cristales protectores, como los mencionados anteriormente, pueden utilizarse de diferentes maneras. La forma más común es llevarlos, ya sea en un anillo o en un collar o cualquier otro tipo de joya. Sin embargo, para sacar el máximo provecho del cristal, la mejor práctica es limpiar la piedra, cargarla y establecer una intención clara cada vez antes de llevarla. Algunas de estas piedras tienen múltiples características y funciones, y siempre existe la posibilidad de que no se comporten de la manera deseada. Además, el intenso poder de las piedras potentes también puede ser abrumador para el portador, por lo que siempre es una buena idea establecer sus intenciones mediante una afirmación audible antes de llevarla. Su afirmación es como decirle a la piedra lo que debe hacer. De este modo, puede conseguir que la piedra se centre en una determinada característica y le dé lo que necesita.

Capítulo 10: Cristales para el hogar

En casa experimentará casi todas las emociones, energías o estados de ánimo imaginables. Ya sea en el dormitorio, en el patio o simplemente sentado en el comedor. Cada parte del hogar tiene su propia energía. Cuando se tiene una zona dedicada a la oración o una zona dedicada al estudio y al trabajo, se puede sentir la diferencia en la energía en esa parte de la casa en comparación con otras partes de la casa. Otra cosa a tener en cuenta es que el hogar acumula energía y la almacena con el tiempo. Cuando pasa mucho tiempo en cualquier espacio, la energía que libera y la energía natural de las cosas en ese espacio tienden a acumularse en esa zona.

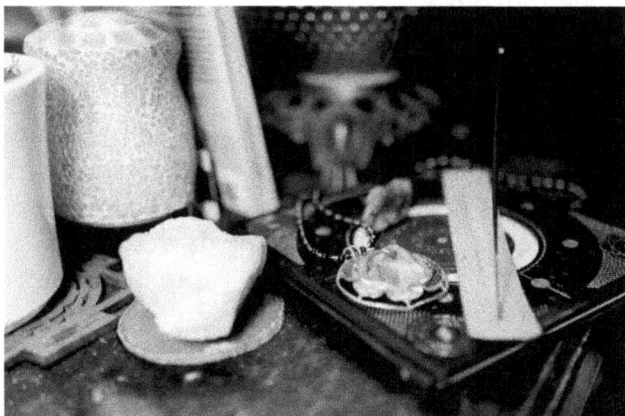

Del mismo modo, cuando pasa un evento que desprende mucha energía, esa energía existe en la casa. Puede ser después de una gran fiesta en la que haya venido mucha gente. Podría ser después de un momento difícil cuando se ha perdido a alguien de la familia. Incluso puede ser después de un entrenamiento muy intenso. Del mismo modo, la energía que sentimos fuera de casa está contenida en nosotros, y cuando volvemos a casa con esa energía, se libera en el hogar. Si ha tenido un tiempo difícil en el trabajo y las cosas son difíciles financieramente, esa energía está en la casa, y usted está constantemente siendo afectado por ella. Los cristales pueden ser una forma fantástica de revitalizar cualquier espacio, incluido el hogar, y restablecer la energía a una pizarra en blanco o construir sobre la energía que quiere que tenga ese espacio. Esto naturalmente tendrá un impacto en todas las personas y las cosas que pasan tiempo en ese espacio.

La mejor manera de hacer esto es comenzar con una limpieza completa de la casa y luego comenzar a usar los cristales exactos que necesita para desarrollar la energía que quiere crear.

Los mejores cristales del feng shui para el hogar

En pocas palabras, el feng shui es la práctica de organizar su casa o el espacio que lo rodea de manera que maximice el flujo de energía, creando armonía y utilizando una sinergia de todos los recursos disponibles para su beneficio. Hay varias formas de hacerlo utilizando todo tipo de objetos, pero los cristales ocupan un lugar especial en esta ideología. Veamos algunos de los mejores cristales que puede utilizar para mejorar el feng shui en su hogar.

- **Cuarzo claro**

El cuarzo claro es un cristal completamente transparente, por lo que es conocido por ser tan útil. Puede programar este cristal para que haga lo que usted quiera, o bien puede hacer que trabaje en conjunto con otro cristal. Tradicionalmente, este cristal era conocido por proporcionar claridad, amplificar otras energías, activar la energía silenciada, y también traer armonía cuando hay otras energías en ese espacio.

• Cuarzo rosa

El cuarzo rosa es conocido por ser una piedra que aporta tranquilidad, paz, paciencia y energía calmante al espacio. Es una piedra a menudo asociada con el amor, la intimidad y los vínculos fuertes. Se utiliza habitualmente en la sanación y en el desarrollo del amor propio y de las relaciones de pareja. En el hogar, se puede utilizar por sí sola para un área específica y a menudo se utiliza en el dormitorio o el comedor. Funciona muy bien en cualquier parte del hogar donde se quiera desarrollar la fuerza en las relaciones. También tiene un impacto general en el hogar haciéndolo muy acogedor para vivir.

• Amatista

La amatista se utiliza para aumentar la abundancia en el hogar, desarrollar conexiones más fuertes entre las personas que viven allí, y para la protección y para ayudar a la espiritualidad. Es una piedra diversa con un hermoso tinte púrpura. Puede utilizarse como decoración en cualquier parte del hogar y también por sus características específicas. Funciona especialmente bien en un espacio donde le guste meditar o pensar, ya que tiene un alto valor espiritual.

• Jade

El color verde en el feng shui se asocia con la prosperidad, la sanación, la salud, el crecimiento y la vitalidad. Es una piedra que se utiliza como fuente de energía para el hogar, ya que ayuda a desarrollar todo lo relacionado con el bienestar de las personas que viven en una casa. Es una piedra que tiene un valor especial, ya que es muy respetada y buscada en la cultura asiática. Hay otros tipos de piedra de jade. Sin embargo, el clásico jade verde es especialmente útil para el hogar para crear armonía, paz y buena salud.

• Citrino

El citrino se asocia a menudo con la abundancia y la manifestación de todas las cosas positivas. Se suele utilizar en el dormitorio para invitar a la prosperidad financiera y mejorar la capacidad de ganancia de la familia. También se utiliza para la protección porque es una piedra con alta energía. Puede contrarrestar fácilmente la energía negativa y limpiar cualquier espacio. Asimismo, es bastante único en el hecho de que no necesita ser limpiado porque puede limpiarse a sí mismo. El citrino también es útil para aquellos que buscan desarrollar su conexión con su chakra raíz y quieren estar más conectados a la tierra.

- **Cuarzo ahumado**

El cuarzo ahumado es una piedra que tiene una energía neutra, pero es muy buena para transmutar otras energías y crear un amortiguador o una capa de protección. Se puede utilizar para contrarrestar las energías negativas y para romper otras energías que son difíciles de tratar. Esto será especialmente útil si se enfrenta a algún tipo de momento difícil. Por lo general, se utiliza en la entrada de la casa o alrededor del perímetro para evitar que entren energías no deseadas.

- **Amonita**

Este cristal único es en realidad los restos fosilizados de una criatura antigua que es similar al caracol moderno. Esta piedra se utiliza comúnmente para la protección y se coloca en diferentes partes de la casa o incluso fuera de la casa para alejar las energías negativas y los espíritus. Además, esta piedra se puede utilizar para aumentar el flujo de energía en su casa. Funcionará bien con otras piedras que pueda estar utilizando.

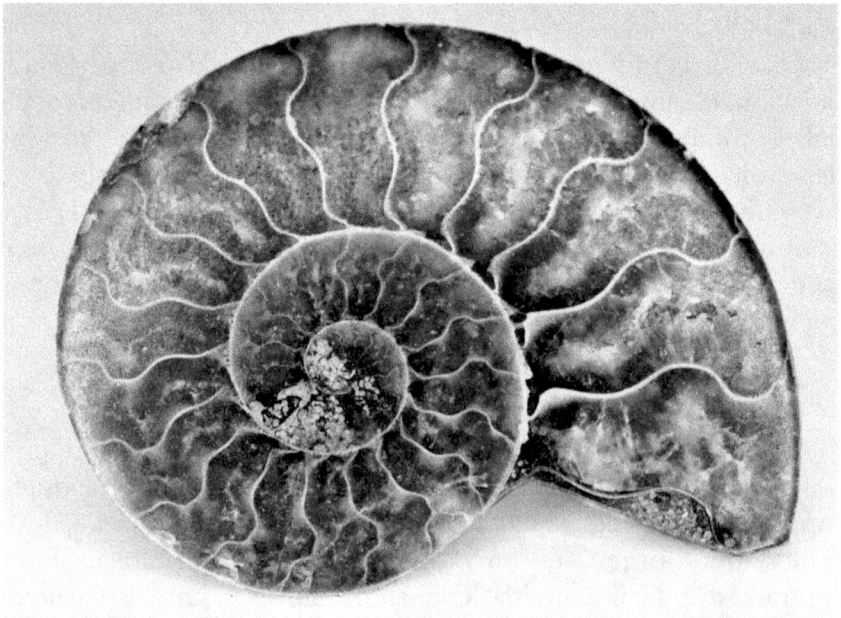

- Ojo de tigre

El ojo de tigre tiene una sólida capacidad de enraizamiento y se suele utilizar en el centro de una casa para desarrollar una mejor conexión con la tierra. También se utiliza para ayudar a concentrarse en el momento presente o incluso para planificar el futuro. Además, cuenta con la vitalidad del sol y puede ser una gran piedra para elevar la energía general de la casa.

- Pirita

La pirita es una piedra con mucho metal. Se asocia con el oro y se puede utilizar para aumentar sus ingresos e invitar a la abundancia general y el bienestar de los que viven en el hogar. Se considera una piedra que puede ayudar a equilibrar las energías y traer más tranquilidad al hogar. Se utiliza para traer claridad al tercer ojo de una persona y para hacer que el impacto de una persona en otras personas sea más positivo.

- Hematita

La hematita es un cristal que se utiliza a menudo para la protección, ya que es excelente para absorber la energía oscura y la negatividad. Del mismo modo, se considera que exuda energía fría y vibraciones positivas. Este cristal se utiliza a menudo para la protección del hogar. También se asocia con la sabiduría y puede ser muy útil si se coloca en una zona en la que le guste pensar o trabajar. Ayuda a aumentar la concentración del rendimiento mental y evita que se sienta estancado y agotado cuando está trabajando.

Limpieza del hogar

A veces, limpia su casa todo lo que puede, pero sigue sintiendo que el espacio está sucio. Parece que hay algo que necesita ser eliminado, pero no puede poner el dedo en la llaga. Esa es la energía negativa que necesita ser limpiada, pero el simple hecho de aspirar y quitar el polvo no puede eliminarla. Necesita limpiar espiritualmente su casa y prepararse para un reinicio. Lo ideal es hacerlo al menos una vez al año. He aquí cómo puede realizar una limpieza espiritual de su hogar.

- **Agente limpiador**

Consiga un frasco grande o un recipiente grande que pueda llenar con suficiente agua para rociar toda la casa. A este recipiente, añada una piedra de shungita para neutralizar la energía, una piedra de turmalina negra para proteger contra la energía negativa, una piedra de citrino para atraer la positividad y una piedra de fluorita para la calma y la paz. Sobre estas cuatro piedras, añada tanta agua como pueda contener el recipiente. A continuación, coja este brebaje y coloque el recipiente en el exterior, donde estará expuesto a la luz directa del sol y de la luna. Déjelo fuera entre 3 y 5 días para que las energías se impregnen en el agua. Si el recipiente tiene tapa, asegúrese de hacer una afirmación en voz alta diciendo que está preparando esta mezcla para limpiar su casa y atraer positividad y bienestar a su familia.

Una vez que esté lista, viértala en un frasco con boquilla de pulverización y utilícela en diferentes partes de la casa. Asegúrese de llegar a los lugares de difícil acceso, como detrás de los muebles o debajo de los escritorios. Mientras rocía el agua por toda la casa, siga repitiendo afirmaciones de positividad, limpieza y nuevos comienzos.

- **Aumentar la energía**

Mientras se prepara el limpiador, consiga algunos trozos pequeños de cristal de selenita y colóquelos en todas las habitaciones. Lo ideal es colocarlos en los alféizares de las ventanas de diferentes zonas de la casa. Si una habitación no tiene ventana, puede colocarlo sobre un objeto elevado, como una mesa o una encimera. Se cree que la selenita tiene una alta energía vibratoria, y ayudará a elevar la energía del espacio en el que se encuentre.

- **Atraer la energía**

Utilizando el cuarzo rosa, puede atraer la energía positiva adecuada a su habitación. Según el feng shui, cada dirección de la brújula está asociada a un elemento natural diferente. El cuarzo rosa está asociado al elemento tierra, y la dirección de este elemento es el suroeste. Coloque un par de piedras de cuarzo rosa en la parte suroeste de cada habitación para aumentar la energía de la tierra en ese espacio e invitar a más energía.

• **Limpiar sus pertenencias**

Cosas como nuestra ropa, joyas, zapatos, bolsos, carteras y todos los pequeños accesorios almacenan energía que absorbemos fuera del hogar. Puede poner todas estas cosas en su armario y limpiarlas. La mejor manera de hacerlo es encender un poco de carbón en una bandeja de cerámica, encenderla, dejarla arder y luego apagarla para crear humo. Una vez que haya humeado, ponga la bandeja de cerámica en la parte superior de su armario y cierre el armario durante unas horas para que el humo pueda dispersarse uniformemente por sus pertenencias. Utilice un poco de carbón y no dejará un olor a humo muy fuerte. Además, más tarde, puede ventilar su ropa para eliminar por completo el aroma a humo. En segundo lugar, coloque un poco de piedra de hematita en el suelo del armario para poner a tierra cualquier energía negativa y no deseada. Puede dejar la piedra de hematita allí permanentemente.

Cristales para diferentes partes de la casa

• **La oficina**

Para la oficina (o cualquier área en la que vayas a estudiar o trabajar), utilice shungita o pirita. La shungita le ayudará a absorber la energía electromagnética emitida por los ordenadores y los móviles y le ayudará a conectar su energía a tierra, para que esté más concentrado mientras trabaja. La pirita es la piedra de la abundancia y le ayudará a pensar con mayor amplitud, a inducir una mejor creatividad, a ver el panorama general y a darle ese impulso cognitivo que necesita para ser productivo.

• **Dormitorio**

Para el dormitorio, utilice cuarzo rosa y amatista. El cuarzo rosa es excelente para aumentar la intimidad, desarrollar relaciones profundas y promover el amor y la amistad. La amatista aumenta la paz, la relajación y la conexión a tierra. Además, estas dos piedras funcionan perfectamente en sinergia y le dan lo mejor de ambos mundos.

• Habitación de niños

Para la habitación de los niños, considere el uso de celestita y cuarzo ahumado. Ambos cristales tienen una energía calmante y relajante que puede ser muy útil para conseguir que los niños se calmen, ayudarles con los malos sueños y hacer que se sientan cómodos estando solos en su habitación. Además, la celestita también está asociada a la luz y puede aportar vibraciones positivas y protectoras para cuidar a los niños.

• Cocina

En la cocina, utilice un poco de cuarzo claro y amatista. Estas piedras ayudarán a aportar pureza a la zona de la cocina y a amplificar la buena energía de los alimentos que prepare. Si pasa mucho tiempo en la cocina con la familia, estas piedras ayudarán a crear la energía que ayudará a que todos se vinculen y desarrollen mejores relaciones. También son cristales positivos que aumentarán la alegría de una tarea que va a realizar a diario.

• Sala de estar

La fluorita es el camino a seguir para la sala de estar. Aporta armonía y paz, promueve la dulzura y es un cristal asociado a la luz. Cuando esté reunido con la familia o tenga invitados, querrá darles vibraciones positivas. Esta piedra ayudará a crear ese ambiente de bienestar.

- **Puerta de entrada**

La obsidiana negra es la piedra que necesita tener en la puerta principal. Es una piedra extremadamente poderosa con propiedades protectoras muy potentes. Bloqueará la energía negativa, ya que filtra todo lo que entra por la puerta principal. Conocida por sus bordes afilados, cortará fácilmente cualquier energía negativa que esté adherida a una persona, una prenda de vestir o cualquier otra cosa que pueda ser portadora de energía negativa. Además, añade una capa protectora al aura de la casa y a las personas que están cerca de la piedra. Cada vez que salga de la casa, su energía estará protegida de todo tipo de peligros. Si no quiere que sea demasiado evidente, siempre puede esconderla detrás de algo. Aunque no esté a la vista, esta piedra es eficaz.

Capítulo 11: Conexión con sus cristales

Si reflexiona sobre la naturaleza de todo lo que existe a nuestro alrededor, verá que todo es una forma de energía. Desde hace mucho tiempo, la gente se ha interesado en aprovechar la energía por diversas razones. Por eso utilizamos los cristales como herramientas para modular esta poderosa energía. Los cristales nos ayudan a conectar con la energía y a recibir curaciones. Incluso se puede considerar a estos cristales como "guardianes de registros" porque guardan un registro de todas las energías y vibraciones místicas del universo.

Establecer una conexión con los cristales

Cuando se inicia el viaje para beneficiarse de los cristales, es importante establecer una fuerte conexión con ellos. Algunos pueden preguntarse sobre la importancia de esta conexión, y otros pueden dejarla de lado como algo que no es realmente relevante para el tema. Sin embargo, si no es capaz de conectar con sus cristales, no podrá alcanzar ninguno de sus objetivos.

Comencemos por definir qué son los cristales. En palabras sencillas, los cristales son piedras místicas. El uso de los cristales para mejorar el bienestar psicológico o físico ha ganado popularidad a lo largo de los años. Hoy en día, se cree que si coloca un cristal de forma adecuada o lo sostiene de una manera específica sobre un órgano del cuerpo en particular, creará una alineación saludable y un equilibrio al interactuar con el campo energético general de su cuerpo y el chakra más cercano.

Conectar profundamente con sus cristales puede ser un cambio de juego para usted como sanador energético o para alguien que necesite la energía mística de los cristales. Si no invierte tiempo y energía en conectar con sus cristales a un nivel más profundo, es imposible aprovechar su energía y potencial ocultos. De hecho, los cristales no son tan diferentes de los humanos porque tienen personalidades únicas, y es importante establecer un vínculo profundo con ellos antes de esperar obtener algún beneficio de ellos. Estas personalidades suelen estar ocultas y solo pueden manifestarse una vez que el practicante logra establecer un vínculo con ellas.

¿Cómo puede conectar con sus cristales?

Establecer un vínculo profundo con sus cristales no es muy difícil. Es un proceso bastante sencillo. La primera cosa importante que necesita hacer es tratar de entender todos y cada uno de los cristales que posee o aspira a poseer. Tiene que interiorizar que cada piedra, cristal o roca que tiene es un ser sensible y que son capaces de sentir la energía que les rodea. Una vez que crea firmemente e interiorice esta verdad, será más fácil observar la miríada de recompensas asociadas a los cristales.

Para conectar con sus cristales, intente imaginar que cada uno de ellos es un individuo que tiene la capacidad de comunicarse con usted e incluso de amarle. Puede sonar un poco raro en las etapas iniciales, pero se sentirá muy natural después de un tiempo. Como ya hemos mencionado, los cristales son muy parecidos a los humanos y poseen su propia personalidad.

Dado que todos tienen propiedades físicas y místicas únicas, se utilizan para diversos fines curativos. Sin embargo, tiene que entender que diferentes tipos de cristales pueden tener diferentes beneficios, y un tipo puede ser responsable de más de un aspecto del bienestar. Esto nos lleva a programar sus cristales a la perfección.

¿Por qué debe programar los cristales?

Si quiere que sus cristales funcionen y obtengan los mejores resultados posibles, es esencial programarlos de la manera correcta. Una vez que se haya vinculado con ellos, podrá pedirles fácilmente que le ayuden a manifestar sus intenciones o a convertir sus sueños en realidad. La razón principal para programar sus cristales es enfocar y hacer converger la energía de los cristales hacia una intención, meta o deseo específico. Un cristal perfectamente programado es mucho más útil, poderoso y efectivo para llevar a cabo ese propósito específico.

Si no se programan los cristales, esto puede conducir a resultados no deseados. Un cristal no programado es difícil de manejar porque vagará sin rumbo fijo sin un propósito concreto. En consecuencia, no podrá controlar a dónde lo lleva, y puede terminar en un estado muy improductivo e insalubre.

Cómo realizar la programación con cristales

Es un procedimiento bastante simple y directo, y no tiene que ser un sanador de cristales certificado para hacerlo. Ni siquiera necesita tener experiencia.

Para programar su cristal, simplemente sosténgalo firmemente en su mano y deje que su mente descanse tranquilamente. No fuerce nada. En lugar de pensar en algo concreto, deje que sus pensamientos fluyan sin emitir ningún juicio y sin obsesionarse con que debe hacerlo perfectamente. Comience el ritual de programación dedicando de todo corazón todas sus intenciones y energías al bien más elevado y después pase a los deseos, objetivos e intenciones. Asegúrese de tener muy claro esto porque el componente más importante de la programación es la pureza de la dedicación. Tiene que saber exactamente lo que quiere para adquirir su objetivo deseado.

Una intención enfocada funciona con una precisión afilada y específica. Cuando sus cristales tienen un enfoque inmaculado y le apoyan en todo momento, es muy fácil compartirlos con alguien que necesita ayuda. La programación hace maravillas cuando es muy particular en cuanto a un determinado objetivo. También se vuelve esencial cuando quiere llevar el cristal con usted mientras viaja. Una vez que el cristal está programado, puede utilizarlo como joya, crear una rejilla de cristal, o para otros fines.

¿Cómo seleccionar el cristal perfecto?

Incluso antes de que su programa se conecte o utilice el cristal en absoluto, es necesario entender cuál será la elección perfecta para usted. Si ha pensado en seleccionar al azar cualquier cristal para usted, por favor no lo haga. Esa no sería la decisión correcta. Antes de pasar a los detalles de cómo hacerlo, repasemos brevemente lo que puede elegir.

1. Los cristales de cuarzo también son etiquetados como el "maestro sanador" debido a sus propiedades versátiles y poderosas. El cuarzo claro puede servir como un cristal de uso múltiple, lo cual es un gran atributo para tener en un cristal si todavía es un principiante.

2. La amatista es un intrigante cristal de color púrpura que ayuda a optimizar las habilidades psíquicas y a alcanzar una conciencia superior.

3. El cuarzo rosa tiene un efecto muy calmante y es importante para la dinámica de las relaciones románticas. Es comúnmente reconocido como el cristal del amor, la belleza y la compasión. A veces, se utiliza como un cristal de la pena también.

4. Otro cristal de elección podría ser el citrino, que tiene un tono dorado y se asocia con la creatividad, el optimismo y la prosperidad. También es muy importante en los rituales de manifestación.

5. La turmalina negra es un cristal que ofrece una sensación de seguridad. Absorbe las vibraciones negativas del entorno y emite las positivas en su lugar.

El primer paso para elegir el cristal adecuado para usted sería dedicar algún tiempo a la introspección. Durante esta sesión de introspección, piense bien por qué siente la necesidad de elegir estos cristales. ¿En qué le ayudarán? Trate de identificar si hay algo que le falta en su interior. Pensar en estas preguntas le dará una visión importante sobre el tipo de piedra que debe buscar.

Como hemos mencionado anteriormente, cada cristal tiene una personalidad única y viene con sus atributos curativos particulares. Por lo tanto, cuando sea más consciente de lo que busca o de por qué busca un cristal en primer lugar, le ayudará a seleccionar sus cristales. Así que, en lugar de buscar referencias externas, dedique algún tiempo a mirar dentro de sí mismo.

Una vez que haya terminado este proceso de introspección, lo mejor es escuchar a su intuición porque ahora que es más consciente de las razones por las que quiere los cristales, su intuición le indicará el camino correcto. Cuando seleccione los cristales, esté abierto a la atracción física o al atractivo de una piedra. Si siente algo así, podría ser una señal de su mente subconsciente que le indica que seleccione esa. En cuanto la tome, intente formar un vínculo estrecho con ella.

Recuerde que un cristal que se deja sin vínculo o sin programar no sirve de mucho. Algunas de las reglas importantes para ayudarle a seleccionar la piedra perfecta se muestran a continuación.

1. Lo primero que puede hacer es simplemente pedir al Universo que le guíe y le ayude a hacer la mejor elección. Tiene que ser receptivo a la señal del Universo y debe acoger con gusto el regalo que le otorga. Antes de comenzar esta búsqueda, es importante despejar su mente de cualquier noción preconcebida o juicio excesivo.

2. Para comprobar si tiene algún tipo de reacción física a esa piedra o no, puede colocar su mano no dominante sobre las piedras y ver si siente alguna sensación, como un sutil tirón o algo similar. Si acaba con más de una, o si este es el caso, debería considerar la aplicación del tercer punto (más abajo).

3. Juegue con las diferentes piedras para encontrar la que está buscando. Esto puede significar que tendrá que centrarse en el chakra específico o en la parte del cuerpo que cree que requiere algo de energía cristalina.

Si es muy exigente con los chakras, puede pedirle al vendedor que le muestre las piedras que se relacionan con un chakra específico, ya que esto reducirá aún más las opciones para usted.

Consejos útiles para establecer un vínculo con su cristal

Si todavía no tiene claro lo que significa la vinculación, se trata simplemente de alinear sus pensamientos o su mente con el cristal que tiene. Al hacerlo, el cristal se convierte en una parte integral de su vida y su psique. El proceso de vinculación es muy importante, y no puede ignorarlo ni dejarlo para más tarde. Tenga en cuenta que debe realizar este ritual de unión con cada piedra que tenga (independientemente del precio asociado a ella).

Algunas técnicas generales

Hay varios métodos para establecer un vínculo con su cristal. Puede llevarlo con usted durante todo el día, y es mejor llevarlo durante todo el día para que la energía del cristal se filtre en su cuerpo y le beneficie. También puede intentar colocar el cristal en su cuerpo o en la zona específica de su cuerpo en la que pretende experimentar los efectos curativos de la energía o la vibración del cristal.

Intente incorporar los cristales a sus rituales de autocuidado porque tienen el poder de sobrealimentar su rutina de autocuidado. Por ejemplo, si va a ir al spa, no se olvide de los cristales. Sumerja los cristales en el agua y utilícelos para lavarse o para lavarse la cara.

También puede utilizar sus cristales mientras hace yoga. Simplemente póngalos en su esterilla, para tener la oportunidad de mirarlos de vez en cuando. Esto le ayudará a sentir cierto grado de tranquilidad a su alrededor y le permitirá sentirse más inmerso que nunca en la práctica. Poner los cristales bajo la almohada mientras duerme también le ayuda a mantenerse conectado con su energía.

Conozca su cristal para crear un buen vínculo

Para establecer un vínculo con los cristales, primero necesita buscar un lugar tranquilo y silencioso para iniciar este proceso. Una vez que esté allí, simplemente sostenga el cristal y mantenga los ojos cerrados. Trate de sentir las vibraciones o la energía que emana la piedra. Concéntrese en esa sensación y déjela crecer. Después de un rato, abra los ojos y comience a explorar visualmente el cristal. Trate de profundizar al máximo y tome nota de los pequeños detalles de la forma, el color, los defectos o las inclusiones. Dedique algo de tiempo a esto, porque su objetivo debe ser familiarizarse con todos los detalles del cristal. Al final de este proceso de unión, debería tener una imagen mental muy clara de ese cristal.

Ritual de vinculación meditativa

El vínculo con sus cristales también puede producirse en forma de interesantes rituales de meditación. Como cualquier otra técnica de meditación, asegúrese de encontrar un lugar cómodo y tranquilo para meditar en este ritual. Asegúrese de que el lugar que ha seleccionado está alejado de cualquier distracción, y que puede completar fácilmente la sesión meditativa allí.

Una vez que esté cómodamente sentado, es el momento de calmar sus nervios practicando la respiración profunda durante unos minutos. Tómese su tiempo para sentir realmente las vibraciones que le rodean, y recuerde que no es necesario apresurarse en este proceso. El siguiente paso es comenzar a conectarse a tierra simplemente sosteniendo el cristal firmemente en las manos. Sienta el cristal frotando sus manos alrededor de sus curvas. Se trata de conectar con el cristal tanto como sea posible.

El siguiente paso es respirar más profundamente y equilibrar los nervios. En este momento, intente visualizar una pequeña puerta brillante que se abre en el cristal que está sosteniendo. Visualice que entra en el cristal a través de esa puerta y que la poderosa energía le rodea por completo. Sienta cómo le sumerge poderosamente e imagine que su energía se mezcla y conecta con la del cristal que está sosteniendo.

Tómese unos momentos para pasar un tiempo en ese reino, y luego salga lentamente de él, pero recuerde que su esencia y su ser interior siguen conectados y profundamente vinculados a ese cristal. Meditar con sus cristales tiene un efecto muy poderoso en su bienestar psicológico y físico general.

Y así de fácil, se ha unido con éxito a su cristal. Este proceso de unión no lleva mucho tiempo. Solo necesita unos minutos para hacerlo. Después, puede programar su cristal si tiene una intención u objetivo particular para él. La programación de los cristales en realidad multiplica su energía y resulta en un vínculo más fuerte con ellos. Una vez que esto ocurra, comenzará a experimentar varios beneficios y un flujo más activo y creciente de energía positiva en su vida y a su alrededor.

A veces, la gente trabaja de forma pasiva con los cristales y decide no programarlos en absoluto. Pero la programación en realidad hace converger todas las energías y poderes curativos que tiene un cristal. También le permite sentirse más cargado y empoderado. Tan pronto como programe el cristal de su elección, puede pasar a trabajar en su objetivo, intención o deseo con la ayuda de su cristal recién vinculado y programado.

Capítulo 12: Antes de la sesión de sanación: Limpieza del espacio y de uno mismo

Antes de comenzar cualquier tipo de sesión de sanación, es importante que haga los preparativos necesarios para limpiar el espacio que le rodea. Junto con el espacio, el sanador y el receptor de la sanación también deben pasar por un exhaustivo ritual de limpieza. Es bastante común subestimar o calcular mal la verdadera importancia de la limpieza del espacio, pero es un paso preliminar muy importante. Para ejecutarlo correctamente, hay que pasar por los rituales de limpieza de forma sistemática y limpiar el espacio de cualquier energía negativa. Una vez hecho esto, puede esperar que las vibraciones curativas fluyan hacia adentro mientras la energía negativa fluye hacia afuera.

Comprender la limpieza

Tal vez ya sea consciente de lo esencial que es el proceso de limpieza para la eficacia de la sesión de sanación. Si no lo es, debe familiarizarse con la limpieza del espacio. Siempre que comience algo importante, por ejemplo, una sesión de sanación, o tal vez se acaba de mudar a una nueva villa, le conviene realizar una limpieza. Lo hace para eliminar la energía negativa que circula por el espacio.

En palabras sencillas, la limpieza es un método ritual para invitar y dar la bienvenida a la nueva energía y desterrar cualquier negatividad. También le ayuda a establecer intenciones definidas y precisas para todo lo que espera recibir durante la sesión. Mientras realiza el ritual de limpieza, puede añadirse un mantra especial o traer nueva energía a su espacio. Además, también tendrá que establecer intenciones bien definidas y claras para cualquier cosa que quiera conseguir de estas sesiones de sanación. Con un mantra, la sesión de limpieza del espacio se vuelve bastante fácil. Puede sentir el poder que exuda a través del mantra porque también le ayudará con la manifestación.

¿Cuándo se debe hacer esto?

Generalmente depende de la persona que realiza estos rituales porque es subjetivo. Sin embargo, si está a punto de hacer una sesión de sanación o pasar por una limpieza de la casa, es importante realizar estos procedimientos una vez cada temporada. Sin embargo, mientras intenta expulsar la energía negativa de su espacio y trata de invocar la energía positiva y curativa, necesita prestar mucha atención a los rituales de limpieza. Es conveniente evitar el uso de prácticas o rituales únicos que puedan parecer perjudiciales.

¿Por qué es tan importante la limpieza del espacio?

Si lleva tiempo trabajando con rituales energéticos, ya será consciente de que la energía fluye a nuestro alrededor y que existe en todo. También debería saber que cada corriente de energía posee sus vibraciones únicas y permanece en un estado continuo de radiación. Puede clasificar la frecuencia de esta energía porque siempre se encuentra dentro de un espectro entre la energía luminosa y la oscura. La energía de la luz resulta ser sin esfuerzo, refrescante, infinita y, la mayoría de las veces, profundamente arraigada en el amor. Por otro lado, la energía oscura (también llamada energía de la sombra) está arraigada en el miedo. Ahora imagine que usted y su espacio funcionan como un imán y atraen diferentes experiencias y relaciones hacia su persona. Si usted o su espacio tienen buenas o más ligeras vibraciones, acabará viendo más cosas positivas a su alrededor.

La gran noticia es que una vez que elimine la energía no deseada de su espacio y de su vida, comenzará a ver los beneficios al instante. La gente suele decir que se siente mucho más relajada, centrada, con la mente ligera y en paz. También viene con la comprensión de que ya no tiene el peso aplastante de toda la energía negativa innecesaria a su alrededor.

Además, necesita darse cuenta de que para algunas personas es muy natural atraer la energía negativa. Son como un imán para las vibraciones negativas. Por lo tanto, es imperativo que aprenda las técnicas correctas para transmutar, liberar y disolver estas vibraciones o energías porque tienden a obstaculizar el proceso de sanación.

Cómo limpiar su espacio

Además de afectar a sus rituales de sanación, estas energías negativas también afectan a la calidad general de su vida y su salud. En este capítulo, discutiremos algunas de las estrategias efectivas que puede utilizar para limpiar su espacio en preparación para una sesión de sanación exitosa.

1. La técnica de la limpieza

El nombre puede sonar un poco extraño, pero esto es simplemente un antiguo ritual o práctica de limpieza que puede utilizar para purificar o limpiar el espacio en el que desea realizar un ritual de sanación.

En este método, se utilizan diferentes hierbas secas y se quema la salvia seca para limpiar un área específica o una persona. Este ritual de purificación es extremadamente sencillo y puede dirigirse a un espacio o a una persona. Puede comenzar con artemisa, salvia, sándalo o cualquier otra hierba seca. Recójalas en su mano y átelas en un manojo apretado. A continuación, encienda el manojo de hierbas por la parte superior y, tras uno o dos segundos, apáguelo.

En lugar de sujetar las hierbas con las manos, puede utilizar un recipiente o cualquier soporte especial para hierbas. Esto ayudará a evitar que la ceniza se caiga y se ensucie. Otra forma es utilizar una concha de gran tamaño para este fin o incluso un simple plato. Elija la forma con la que se sienta más cómodo. Lo importante es hacer la limpieza para que esté listo para dar la bienvenida a la energía positiva y al crecimiento. Asegúrese de que el humo encapsula el espacio. Si se trata de una persona a la que quiere limpiar, el humo debe circular por todo su cuerpo desde la cabeza hasta los pies.

2. Carillones de viento y campanas

Son otra forma divertida y sencilla de realizar rituales de limpieza. El uso de campanas o carillones de viento se asocia comúnmente con las técnicas del feng shui. Mediante el uso de las campanas o los carillones de viento, está utilizando bellas energías sonoras para crear vibraciones en la energía negativa que le rodea y ponerla en consonancia, creando así un cierto flujo positivo de energía llamado "chi".

Esta es la forma más sencilla de limpiar las energías negativas o cualquier energía estancada en su casa. Todo lo que tiene que hacer es simplemente tocar una campana (puede utilizar una campana de mano) y moverla por la casa para difundir las vibraciones por todas partes. También puede centrarse en puntos específicos de la casa. Puede hacerlo específicamente en la habitación donde va a realizar el ritual de sanación, o puede hacerlo en un espacio donde haya tenido lugar una discusión o un incidente negativo.

Puede encontrar varios tipos de campanas de viento, y hay algunas que son específicamente para fines de yoga o meditación (también llamadas "campanas om tingsha"). También hay cuencos tibetanos que se pueden utilizar para alinear los chakras o con fines de limpieza. El uso de cuencos cantores produce un cambio energético notable, que se puede sentir. Este tipo de instrumentos se utilizan a menudo en la práctica de la meditación y en las ceremonias tibetanas.

3. Practicar "Sadhana"

Si está practicando constantemente "sadhana", ese espacio se limpiará automáticamente y se despejará de cualquier vibración negativa. Las prácticas que pueden considerarse como "sadhana" incluyen el yoga, la meditación o el canto. Se sentirá rejuvenecido siempre que esté en ese espacio. Se trata simplemente de cantar, tocar música o entonar mantras, ya que este tipo de vibraciones sonoras son herramientas psicológicamente edificantes y poderosas que pueden purificar la atmósfera. Si tiene el hábito de hacerlo a diario, será testigo de los beneficios en poco tiempo.

4. Adquirir el hábito de practicar la gratitud

Las emociones, los pensamientos y las energías positivas tienen un efecto contagioso y elevador en nuestro cuerpo y nuestra psique. También tienen un impacto simultáneo en el entorno que nos rodea. Por lo tanto, simplemente siendo más agradecido en su rutina diaria, puede añadir más positividad e invitar a las vibraciones propicias y limpiadoras a existir en su espacio. Ser agradecido puede convertirse en una parte integral de su rutina diaria. Además, estas técnicas se pueden utilizar de una en una, y puede optar por la que más le resuene. También es intuitivo ir cambiando estas técnicas de limpieza porque cada método tiene sus propios beneficios energéticos, y vale la pena probarlos todos.

Técnicas para limpiarse a sí mismo

Al igual que el espacio, también puede cargar con energía negativa innecesaria que puede agobiarle y afectar negativamente a su bienestar psicológico. Por ello, es importante prestar atención a la higiene energética. Cuando se limpia de la energía que no pertenece a su vida, acaba sintiéndose renovado. Por lo tanto, vamos a mencionar algunas estrategias útiles para limpiarse de las vibraciones no deseadas.

1. La estrategia de la burbuja de luz

Esta es una práctica simple que se utiliza comúnmente para los rituales de limpieza y es bastante eficaz. Puede elegir acostarse, estar de pie o permanecer sentado mientras realiza este ritual. Elija lo que le resulte más cómodo. El siguiente paso es cerrar los ojos e imaginar que se enciende una llama blanca y brillante. Ahora, tiene que encargar a esta llama brillante la única tarea de ser un protector de su energía.

Tiene que entender que nada podrá adherirse o impregnar su interior a menos que usted lo permita. Visualice que la luz o la llama se están expandiendo y que empieza a llenar su cuerpo. A medida que su cuerpo se va llenando de esta luz blanca, visualice que la empuja a través de su piel y asegúrese de que va en todas las direcciones y se infunde a fondo. Puede utilizar este ritual al comienzo de su día o en otro momento, siempre que lo considere necesario. Encontrará que es especialmente útil cuando tenga mucha energía fluyendo.

2. Utilizar el De-Cording o el corte de lazos

Esta técnica se conoce comúnmente como "*cording*", pero es, en esencia, un ritual de corte de lazos, y es una técnica chamánica. Se puede utilizar como un acto de limpieza o como una técnica de contención, porque simplemente se deshace de las cosas no deseadas. Un cordón es simplemente una conexión de energía entre dos individuos, un lugar y una persona o una cosa y una persona. También puede existir entre una persona y una idea o un grupo y una persona. Es mejor imaginar este cordón energético como un conducto en lugar de una mera conexión, porque permite que la energía pase de un punto a otro y viceversa.

Para realizar este ritual, necesita ponerse en la postura de la montaña, cerrar los ojos y calmarse. Ahora, visualice su ser energético y véalo a través del ojo de su mente. Además, preste atención a todas los cordones que están unidos a este cuerpo de energía. Comience por la cabeza y descienda hasta los pies y, poco a poco, vaya arrancando cada cordón y dejándolo caer. Una vez que haya hecho esto tres veces, puede terminar utilizando la técnica de la burbuja de luz, o puede simplemente imaginar que los puntos de conexión de esos cordones no se regeneran.

3. El clásico estilo Námaste

Esta es una técnica sencilla que los instructores de yoga u otros trabajadores de la energía utilizan a menudo con fines de limpieza. En esta técnica, los practicantes simplemente unen sus manos en un estilo de oración y dicen "Námaste". Después de haber invertido suficiente esfuerzo en liberar la energía no deseada, el uso de este ritual ayuda a completar un ritmo simbólico. Utilice las manos receptivas y activas para hacer un circuito cerrado que mantenga lo cultivado (positivo) dentro y lo liberado (indeseado) fuera. Esta es una técnica muy rápida que puede utilizar después de cualquier ritual. El componente más importante de este ritual es que las palmas de ambas manos deben tocarse porque es una representación metafórica de un circuito completamente cerrado que puede etiquetarse como un círculo protector.

4. Uso de la metáfora de la piel

La piel cumple el papel metafórico de límite del cuerpo energético. Su piel energética es similar a la piel física y es muy permeable. El único propósito de esta piel es proteger, contener y dar una forma bien definida a su cuerpo energético. Una vez que haya interiorizado esta metáfora, podrá comenzar a tratar su piel física como una representación simbólica de su piel energética, y podrá infundirle los beneficios de los aceites y hierbas naturales. Puede seleccionar aceites y hierbas que asocie específicamente con la conexión a tierra, la limpieza o la protección. Si quiere ser más creativo con esto, puede incluso añadir un cristal dentro de los aceites o lociones para dejar que se infundan con las vibraciones y la energía del cristal.

5. El "sí" y el "no" son conductos poderosos

Esto puede no parecer gran cosa, pero la forma en que utiliza estas dos palabras puede tener poderosas implicaciones en el tipo de energías que atrae y contiene dentro de sí mismo y a su alrededor. La contención de la energía se refiere básicamente a los límites de su cuerpo energético, y estas dos palabras (sí y no) pueden tener un profundo impacto. La razón principal es que estas dos palabras ayudan enormemente a mantener y determinar los límites de su cuerpo energético.

Cada vez que dice "sí" a una cosa, en realidad está mostrando aceptación hacia la expansión de su energía. La mayoría de las veces tenemos el hábito de decir "sí" a todo lo que nos llega porque es más fácil decirlo que decir "no" y establecer un límite. Pero antes de decir "sí" a algo, tiene que asegurarse de que se alinea con sus valores y creencias. Si no es el caso, entonces tiene que tomar una posición y decir no para salvaguardar su energía y sus vibraciones.

Ahora que tiene los consejos para realizar rituales de limpieza para su espacio y para usted mismo, puede planearlo de acuerdo con sus necesidades y requerimientos. Asegúrese de tener el tiempo programado para esto para que no haya interrupciones porque no puede esperar trabajar con las energías y pasar a la sanación si está rodeado de ruido, caos y distracciones. Para que la sanación ocurra de la manera correcta, es importante dejar que las energías le hablen y prestar atención a lo que su cuerpo necesita y a la energía que necesita soltar. Por lo tanto, manténgase en sintonía con su cuerpo energético y límpiese a sí mismo y a su espacio de forma regular y periódica porque así es como se produce la mejor sanación.

Capítulo 13: Péndulo de cristal

El péndulo de cristal, también conocido como radiestesia, se considera un arte de adivinación y ocupa un lugar especial en el ámbito de la curación alternativa. El término científico "radiestesia" abarca tanto la radiestesia con péndulo como otras formas de radiestesia, como el uso de ramitas o varillas de metal para descubrir ciertas cosas sobre una persona, una cosa o un entorno. En el fondo, la idea es comprender un fenómeno detectando la energía que proviene del sujeto. Puede ser radiación, energía eléctrica o fuerza magnética. Algunos expertos creen que la información que la radiestesia nos hace llegar procede, de hecho, de una fuente divina o metafísica, o que se extrae de una fuente más allá de nuestra percepción sensorial. Sea cual sea la escuela de pensamiento que elija seguir, los principios y las técnicas fundamentales siguen siendo los mismos.

Existen pruebas fehacientes que demuestran que la radiestesia, concretamente la radiestesia con péndulo, fue utilizada por civilizaciones de hace miles de años. En particular, los egipcios, los griegos y los chinos han utilizado esta ciencia/arte durante siglos. Hay muchas pruebas arqueológicas de que los péndulos y la radiestesia se utilizaban para todo, desde la búsqueda de recursos naturales hasta la sanación de dolencias físicas y no tangibles. Hoy en día, seguimos utilizando la radiestesia con péndulo, y sigue siendo increíblemente eficaz. De hecho, hubo muchos trabajos formales sobre el arte de la radiestesia con péndulo en los siglos XVI y XVII en Francia y Grecia por parte de investigadores, científicos, médicos y personas que trabajaban en tratamientos alternativos. En este capítulo, vamos a ver cómo puede utilizar este antiguo arte en su beneficio.

Cómo conseguir un péndulo

Lo primero que necesitará cuando se trate de radiestesia con péndulo es el propio péndulo. Hay una variedad de estilos, formas y tamaños diferentes entre los que puede elegir. Junto con el péndulo, también necesitará una cadena o algún tipo de cuerda. Por lo general, hay un mango en el otro extremo de la cadena o la cuerda. Algunas personas prefieren tener una cadena o cuerda más larga en lugar de un mango.

En cuanto al material del que está hecho el péndulo, puede elegir entre metal, madera y cristal. Si tiene un requisito extremadamente específico para el péndulo, puede buscar tipos de materiales muy concretos. En este caso, vamos a utilizar péndulos de cristal, ya que funcionan especialmente bien para la adivinación y la sanación. Los péndulos de cristal, especialmente los hechos con un cristal de cuarzo de buena calidad, son excelentes para equilibrar las energías emocionales, espirituales y mentales. El cuarzo actúa como un material fantástico que amplifica la energía que recibe. Para el practicante, esto hace que sea mucho más fácil detectar lo que está pasando, y hace que las lecturas sean más precisas.

La forma del péndulo también es algo que hay que tener en cuenta. Es importante tener en cuenta que el diseño del péndulo juega un papel importante en su eficacia. Como regla general, debe seleccionar un péndulo que tenga una forma de lágrima invertida con la parte más gruesa y pesada en la parte superior, mientras que la base del péndulo debe ser fina; cuanto más fina, mejor. Además, esta forma cónica invertida debe ser suave en todo su contorno. Tener un número excesivo de bordes afilados, cortes o esquinas en el péndulo reducirá la eficiencia. Además, el péndulo no debe estar decorado con materiales adicionales como acero u otros cristales. Solo debe ser un cristal sólido y liso.

En cuanto a la cadena o la cuerda a la que está conectado, puede elegir cualquier cosa que prefiera. Esto no tendrá mucho impacto en las lecturas.

Cómo limpiar un péndulo

Los péndulos interactúan con la energía, y al igual que los cristales que se utilizan para el hogar o para determinadas tareas como la sanación de la mente o el cuerpo, también absorben la energía con la que trabajan. Por eso, al igual que con cualquier otro cristal, hay que limpiarlos con frecuencia. Lo ideal es limpiar el péndulo nada más sacarlo de la caja. También debe limpiarlo antes de cada uso. Evite limpiarlo justo antes de guardarlo. No sabe a qué tipo de energías estará expuesto y en qué estado estará cuando quiera volver a utilizarlo. Por lo tanto, límpielo siempre antes de cada uso.

Dependiendo del cristal elegido, hay diferentes maneras de limpiar el péndulo. Algunos cristales son solubles en agua, pero no soportan muy bien la sal. La mejor opción en este caso es ponerlos a la luz directa del sol durante un día o durante al menos 6 horas y dejar que absorban la luz y expulsen la energía almacenada que tienen. Una vez limpios, téngalos en la mano y trate de sentir su energía. Si el cristal se siente fresco y listo para su uso, entonces adelante. Si no, déjelo fuera unas horas más.

Si el cristal puede soportar el agua, considere la posibilidad de lavarlo bajo el grifo para expulsar toda la energía. Si también puede soportar la sal, haga una mezcla de agua del grifo y sal marina o cualquier otra forma orgánica de sal que pueda encontrar y deje caer el péndulo en esa salmuera de agua durante unas horas o toda la noche para realizar una limpieza profunda. Al día siguiente, simplemente lávelo bajo el agua del grifo y compruebe que está bien limpio y listo para su uso.

Cómo cargar un péndulo

Al igual que establece sus intenciones cuando utiliza los cristales para cualquier otra tarea, es importante que también haga estas intenciones con sus péndulos. Simplemente sostenga el péndulo en sus manos mientras está sentado o de pie, y piense en lo que quiere hacer. Algunas personas prefieren hablar en voz alta sobre lo que quieren hacer, y hacen afirmaciones audibles mientras ahuecan el péndulo en ambas manos y lo sostienen firmemente en un puño. Puede hablar sobre lo que quiere averiguar en este momento. Puede pedir a sus guías espirituales, a su ser superior, a sus ángeles de la guarda o a cualquier otra entidad cuyo apoyo desee que bendiga el cristal y le ayude a encontrar las respuestas que busca.

Programación del péndulo

Ahora que el péndulo está limpio y cargado, hay que programarlo. Esto ayuda a que las lecturas sean precisas y a que el péndulo funcione de la manera que usted desea. Hay dos formas principales de programar el péndulo.

El primer método es hacer una pregunta al péndulo y ver si responde de forma afirmativa o negativa. Por ejemplo, si tiene el pelo rubio, pregunte al péndulo de cristal si tiene el pelo rubio.

Haga al péndulo preguntas sencillas de sí o no para que pueda determinar en qué dirección se mueve con cualquiera de las dos respuestas. Tenga en cuenta que debe preguntarle a propósito algo cuya respuesta conoce para ver cómo reacciona. Si es de día, pregunte si es de día, y el péndulo debería responder de la misma manera.

El otro método consiste en decirle al péndulo cómo quiere que reaccione. Por ejemplo, puede decirle al péndulo que cuando quiera responder "sí", debe moverse de una manera determinada. A continuación, sostenga el péndulo en su mano y muévalo realmente en esa dirección. Normalmente, la gente elige un movimiento en el sentido de las agujas del reloj para indicar que sí, y un movimiento en sentido contrario para indicar que no. También puede utilizar un movimiento de vaivén para indicar un sí y un movimiento de lado a lado para indicar un no.

De esta manera, puede entender cómo su péndulo está señalando una determinada respuesta. Es importante tener en cuenta que los péndulos tardan algún tiempo en acostumbrarse a su energía y a la forma en que los utiliza. Al principio, es posible que solo obtenga un movimiento muy pequeño, apenas perceptible. A medida que desarrolle un vínculo, comenzará a ver movimientos más pronunciados con la práctica. Lo importante es que practiques para familiarizarte con el movimiento. Además, haga la misma pregunta unas cuantas veces para asegurarse de que las respuestas son coherentes.

Cómo utilizar el péndulo

Al igual que ha limpiado el péndulo, también debe asegurarse de estar en un estado mental centrado y enfocado. Minimice las distracciones, minimice el ruido, póngase en sintonía con sus sentimientos e intente asentarse tanto mental como físicamente. A algunas personas les gusta entrar en un estado de meditación encendiendo velas, quemando incienso o poniendo música instrumental que les ayude a concentrarse. Todo depende de lo que prefiera y de lo que le funcione. Experimente con diferentes estilos para ver qué se adapta a sus necesidades.

Además, a la hora de hacer las preguntas del péndulo, intente que sean lo más cerradas posible. Como el péndulo solo está diseñado para responder con un sí o un no, incluir palabras como "debería", "supongo", "que", "cuando", etc., hará que sea mucho más difícil obtener la respuesta correcta. Si no obtiene una respuesta o el péndulo no responde a una pregunta, puede darle unos momentos y volver a intentarlo o tratar de ponerse en un mejor estado de ánimo y luego volver a intentarlo.

Uso del péndulo para la sanación

Cuando se utiliza el péndulo para la sanación, no es necesario tener a la persona justo delante de usted. Puede utilizar lo que se conoce como un "testigo" del paciente. Esto puede ser cualquier cosa, desde una mancha de sangre de la persona que está tratando, un recorte de uñas, o incluso solo un mechón de pelo. Algunos péndulos tienen un espacio en el que puede colocar el testigo. Con otros, puede que solo tenga que cargar el péndulo con el testigo. También puede sostener al testigo en sus manos mientras hace las preguntas y tocar el péndulo con el testigo para que tome su energía. Al igual que un perro, tiene que entrenar al péndulo para la tarea concreta para la que lo utiliza. Dar al péndulo el testigo es como darle el olor que debe buscar.

Una vez que le haya dado al péndulo el testigo, puede hacer algunas preguntas de prueba para asegurarse de que está en el camino correcto. Lo mejor de este tratamiento es que la persona no tiene que estar cerca de usted. Puede contar con el testigo de una persona que esté en otra ciudad, país o incluso continente. Muchos expertos prestan sus servicios a clientes de todo el mundo, y esto no afecta a la eficacia del proceso.

Practicar con un compañero

La mejor manera de comenzar a evaluar a una persona es utilizar el péndulo para evaluar diferentes partes del cuerpo y averiguar exactamente dónde está el problema. Haga que la persona se acueste frente a usted. Puede hacer que se acueste en el suelo o en una cama, lo que funcione para usted y el paciente. Además, debe asegurarse de que está en una posición cómoda en la que su brazo pueda estar en la posición correcta para sostener el péndulo, y que pueda mantener esa posición durante largos períodos de tiempo sin influir en el comportamiento del cristal. Es una buena idea tener un reposabrazos blando en el lateral de una silla en el que pueda apoyar el codo mientras sostiene el péndulo sobre el cuerpo del paciente.

Puede comenzar por los pies y comenzar a trabajar hacia arriba, o puede comenzar por la cabeza y trabajar hacia abajo. Además, si conoce el problema, por ejemplo, si alguien tiene una afección cardíaca, puede comenzar directamente en el área problemática y luego trabajar en otras áreas que sospeche.

Cuando se trabaja con un paciente, se puede comenzar con un compañero de entrenamiento para tener una idea del proceso y entender cómo responde el péndulo cuando se utiliza en una persona. Si no tiene un compañero, puede practicar con usted mismo.

Practicar en solitario

Si está practicando por su cuenta, considere la posibilidad de acostarse y probar esto. Si lo va a utilizar en la parte inferior del cuerpo, tendrá que sentarse para utilizar el péndulo. Si lo utiliza en la parte superior del cuerpo o en la cabeza, puede obtener resultados mucho mejores mientras está tumbado. Si acaba de conocer el péndulo y quiere familiarizarse con su uso, comience haciendo algunas preguntas básicas.

Esto puede incluir:

- ¿Es de día ahora mismo?
- ¿Hace frío ahora mismo?
- ¿Soy (su nombre)?
- ¿Tengo (un rasgo físico que usted tiene o no tiene)?
- ¿Llevo puesto (algo que usted lleva puesto)?
- ¿He comido (algo que ha comido o bebido)?

Además, después de hacer una pregunta, es una buena idea tocar la punta del péndulo con la palma de la mano o sostenerlo brevemente en la mano para restablecerlo. Esto indica al péndulo que ha recibido la respuesta a su pregunta y que está contento de seguir adelante. También puede hacerlo verbalmente diciendo:

"Gracias por la respuesta" o "Tengo su respuesta".

Si no obtiene una respuesta clara, obtiene un movimiento muy pequeño o no obtiene ningún movimiento, puede pedirle al péndulo que sea más claro. Puede hablarle y pedirle que sea más preciso en sus respuestas o más visible en su comportamiento. A algunas personas también les ayuda ahuecar la mano bajo el péndulo para proporcionarle algo más de energía y que pueda dar una respuesta más destacada. Si tiene problemas con los ejercicios o siente que no funcionan, tómese un descanso y vuelva a intentarlo cuando haya pasado algún tiempo. La radiestesia con péndulo es un arte tanto como una ciencia, y se necesita mucha práctica para hacerlo correctamente. Hay una curva de aprendizaje. No se frustre demasiado si no obtiene los mejores resultados nada más comenzar. Todo el mundo tiene un comienzo lento.

Capítulo 14: Equilibrio de los chakras con cristales

Descargo de responsabilidad sobre la salud

La radiestesia con péndulo no está pensada para ser utilizada para problemas muy avanzados como la detección del cáncer. Es una herramienta que nos ayuda a aprender cosas básicas y no debe utilizarse para tomar decisiones serias en la vida. Las otras cosas que cubriremos pueden ser usadas para prácticas más avanzadas. Sin embargo, como principiante, no es prudente confiar solo en una forma de tratamiento sin buscar primero un tratamiento médico formal.

Esto no es una alternativa a los tratamientos regulares y debe usarse junto a esos tratamientos. El uso de cosas como las varitas, los sonidos y el manejo de los chakras está destinado a lograr un equilibrio en el cuerpo que no se puede obtener a través de la medicina tradicional, pero tiene su propia ventaja que estos tratamientos alternativos no tienen.

Esto pretende ser una guía de cómo puede comenzar con la radiestesia, la terapia de varitas, el tratamiento de sonido, y otros. Si necesita un tratamiento adecuado, busque ayuda profesional. Si desea tratarse a sí mismo, entonces debe saber que es un proceso largo, requiere varios años para dominar estas habilidades, e idealmente, debería aprender de un maestro en lugar de experimentar por su cuenta. Para las cosas básicas y solo para conseguir una sensación para el ejercicio de la sanación, no hay daño en tratar por su cuenta.

Al tratar los chakras, procure ser extremadamente cuidadoso. Un tratamiento incorrecto puede influir negativamente en los chakras. Además, no hay una única manera correcta de hacer estas cosas. Hay una variedad de estrategias que se pueden utilizar, y para diferentes personas, diferentes técnicas funcionarán mejor. Busque diferentes enfoques para el mismo tratamiento para ver lo que funciona mejor para usted.

Comprender los chakras a través de la radiestesia con péndulo

Puede utilizar la radiestesia con péndulo para comprender mejor el estado de cada chakra en su cuerpo y luego buscar soluciones en otras formas de tratamiento, o incluso puede ayudar al proceso de reparación utilizando el propio péndulo.

Lo primero es programar el péndulo de tal manera que pueda mostrarle el estado de los chakras. Así como ha aprendido a programar el péndulo para que diga sí o no, también puede programarlo para que ilustre la condición del chakra. Hay tres posibilidades que necesita entender.

1. El chakra está sincronizado y funciona como debería.

    2.El chakra está hiperactivo y está trabajando más allá de su capacidad.

    3.El chakra está subactivo y no está creando la energía necesaria.

Usted debe ser capaz de ver las tres situaciones a través de su péndulo. La forma más común de programar el péndulo es moverlo hacia adelante y hacia atrás en línea recta para ver si el chakra está funcionando bien. Si el péndulo gira en el sentido de las agujas del reloj, el chakra está hiperactivo. Si gira en sentido contrario a las agujas del reloj, no está creando suficiente energía.

Tratamiento de los chakras con la radiestesia de péndulo

Como en el caso de otras formas de radiestesia con péndulo, no es necesario tener a la persona delante. Se puede hacer a distancia si tiene una foto de la persona en la que se vean todos los chakras. También puede hacerlo en usted mismo.

Para comenzar, haga que el paciente se acueste, o acuéstese usted mismo, y comience con un proceso de limpieza y conexión en el que se neutralice a sí mismo y a su péndulo y se conecte con el universo. Puede comenzar con cualquier chakra que desee. Sin embargo, se recomienda comenzar por un extremo de la línea de chakras y avanzar de forma secuencial.

En el primer recorrido por los chakras, el objetivo es simplemente calibrar el estado de cada chakra, la exploración inicial para ver con qué se está trabajando. Anote estos hallazgos, y luego vaya a su segundo recorrido para corregir el movimiento del chakra. En este segundo recorrido, debe detenerse en el chakra y pensar realmente en cómo quiere corregirlo. Puede decir esto en voz alta diciendo una oración, o puede simplemente sostener el péndulo y pensar en la oración. Por ejemplo, si el chakra está hiperactivo, quiere sostener el péndulo allí y pedir al universo que lo corrija y lo revierta a su forma adecuada. Inicialmente, el péndulo oscilará en el sentido de las agujas del reloj. Debe mantener el péndulo allí y continuar el pensamiento hasta que comience a moverse hacia adelante y hacia atrás.

Hay que pasar por todos los chakras y asegurarse de que todos están alineados. La mayoría de los practicantes hacen que el paciente se acueste de espaldas y hagan esto desde la parte delantera del cuerpo. Sin embargo, si se enfrenta a un chakra que es particularmente difícil de procesar, puede hacer que la persona se acueste boca abajo.

Una vez que haya completado la sanación, es importante que haga una última pasada por todos los chakras para asegurarse de que todos funcionan como deberían. Un chakra puede desequilibrarse cuando se alinea el chakra siguiente. Estos pequeños cambios ocurren, así que asegúrese de volver a comprobar que todos los chakras funcionan correctamente.

Uso de piedras para tratar los desequilibrios de los chakras

Los chakras son los centros de energía en su cuerpo que están involucrados en las operaciones corporales, el flujo de energía, los ritmos naturales y los niveles de vibración en diferentes partes del cuerpo. Pueden tener un gran impacto en el estado físico y mental de un individuo. Los chakras pueden estar desequilibrados cuando están hiperactivos o subactivos, y también pueden estar bloqueados. Esto ocurre cuando un chakra no puede transmitir su energía, producir la suya propia o transferirla a otras partes del cuerpo y a otros chakras. Se pueden utilizar diferentes piedras naturales para gestionar el estado de los chakras. A continuación, algunas de las principales piedras utilizadas para cada uno.

    1.**Chakra de la corona** – Se asocia con la selenita, el diamante y la piedra lunar.

2.**Chakra del tercer ojo** – Asociado con la fluorita y el cuarzo.

3.**Chakra de la garganta** – Asociado con aguamarina, turquesa y sodalita.

4.**Chakra del corazón** – Asociado con el peridoto, el granate y la malaquita.

5.**Chakra del plexo solar** – Asociado con el ámbar, el ojo de tigre y el topacio.

6.**Chakra del sacro** – Asociado con la calcita naranja, la piedra de oro y la cornalina.

7.**Chakra de la raíz** – Asociado con el jaspe rojo, el rubí y la piedra de sangre.

Armado con este conocimiento, puede proceder a trabajar en el chakra que necesita ayuda.

El siguiente reto es averiguar cuál es el chakra problemático. Hay varias formas de diagnosticar este problema. La primera es simplemente pensando profundamente en los problemas que está teniendo. Si siente que tiene problemas para comunicarse con la gente, es posible que su chakra de la garganta no esté sincronizado. Si le cuesta concentrarse en las cosas, no hay claridad en sus pensamientos, o se siente constantemente confundido y estresado mentalmente, lo más probable es que su chakra de la corona necesite sanación.

Si siente que no puede hacer fluir los jugos creativos y se paraliza cuando necesita pensar en nuevas ideas, lo más probable es que su chakra sacro necesite ayuda. Puede estudiar los problemas asociados a cada chakra y ver cómo se relaciona con ellos. Si viene de la ruta de la radiestesia con péndulo, puede utilizar el péndulo para ver el estado de varios chakras, y en lugar de tratarlo a través del péndulo, puede pasar directamente a esta parte utilizando las piedras para tratar los chakras.

Con sus chakras problemáticos identificados, necesita conseguir las piedras necesarias. De nuevo, hay muchas piedras asociadas a cada uno de los chakras. La lista anterior es solo para darle una idea. Siempre puede mirar otras opciones y ver lo que está fácilmente disponible para usted y usar eso. Además, es posible que resuene mejor con una determinada piedra que con otras para cada chakra. Cada chakra tiene varias piedras que se pueden utilizar, así que pruebe a mezclarlas un poco para ver qué le funciona mejor.

El siguiente paso es prepararse como lo haría para cualquier otra forma de sanación. Colóquese en un lugar cómodo, acomódese y reduzca el ruido del entorno inmediato. Tranquilice su mente y prepárese para curarse a sí mismo.

Identifique el chakra o los chakras que desea sanar y coloque la piedra en la palma de la mano. Algunas personas prefieren tratar un chakra a la vez, mientras que otras prefieren tratarlos todos simultáneamente. Esto depende totalmente de usted.

Si está acostado boca arriba, puede colocar la piedra directamente sobre el chakra correspondiente, o puede simplemente sostenerla en la mano.

Concéntrese en su respiración, trate de calmar sus nervios y comience a sentir la energía del cristal irradiando en su cuerpo e interactuando con el chakra. Esto es difícil de hacer al principio, y desarrollará una conexión más profunda cuanto más practique. Lo ideal es que practique esto durante al menos 15 minutos para cada chakra. Si está tratando varios chakras a la vez, concédase al menos el doble de tiempo. No hay un tiempo máximo o mínimo requerido. Todo depende de lo que le parezca bien a usted y de la eficacia que tenga en su caso particular.

Después de la sesión de sanación, limpie sus cristales y guárdelos en un espacio seguro. Además, asegúrese de hidratarse adecuadamente. Lo ideal es que realice la sesión cuando tenga mucho tiempo, preferiblemente en un fin de semana o un día festivo en el que pueda relajarse después de la sesión. En segundo lugar, es una gran idea tumbarse un rato en la posición de sanación. También puede echar una siesta para que su cuerpo se recupere.

Usar las varitas de cristal para sacar la energía negativa

Las varitas de cristal se pueden utilizar para detectar energías dentro de un cuerpo y expulsar la energía no deseada o negativa. Al igual que todos los demás instrumentos utilizados en la adivinación, las varitas pueden estar hechas de una variedad de materiales. El tipo que elija dependerá de la tarea que tenga por delante y de la energía que intente limpiar. Por ejemplo, puede utilizar una varita de obsidiana negra si siente que alguien tiene energía negativa y necesita una limpieza del mal de ojo o alguna otra forma de energía negativa. Si solo quiere ayudar a una persona a elevarse, puede usar una varita hecha de un cristal con una vibración más alta, y así sucesivamente. Los diferentes cristales tienen sus propias propiedades, así que elige una varita que sea adecuada para su tarea.

El tamaño y la forma de la varita dependen de sus preferencias personales. Algunas personas prefieren utilizar una varita que tenga una forma cónica natural, mientras que a otras no les importa utilizar una que haya sido cortada y pulida hasta alcanzar su forma final. Algunas varitas son cilindros completamente lisos, mientras que otras tienen ángulos en sus lados. Además, algunas son puntiagudas y otras tienen bordes redondos. La diferencia entre los bordes puntiagudos y los redondos no será importante para la limpieza, pero si planea hacer reflexología, entonces una punta puntiaguda ayudará.

La idea es simplemente sostener la varita mientras está acostado o sentado; lo que sea más cómodo para usted. Debe estar perpendicular a su cuerpo para que pueda recorrerlo en busca de diferentes zonas y del tipo de energía que proviene de ellas. Por ejemplo, puede notar que siente un cambio de energía en el chakra de la corona. Cuando esto sucede, algunas personas prefieren simplemente sostener la varita en ese lugar para sacar la energía y traer energía positiva al cuerpo en ese punto en particular. Algunas personas prefieren apuntar la varita y girarla en sentido contrario a las agujas del reloj para extraer la energía y girarla en sentido de las agujas del reloj para enviarla. Algunos practicantes también apuntan con la varita directamente para introducir energía en el cuerpo y la alejan para retirarla.

La forma de utilizar la varita depende de lo que funcione para usted y de lo que se sienta cómodo haciendo. Lo importante es pasar suficiente tiempo con la varita para ser receptivo a los pequeños cambios de energía, y aprenderá qué hacer cuando sienta un determinado cambio energético.

Escaneo de todo el cuerpo usando selenita

Si está buscando una forma de evaluar simplemente el estado del cuerpo, no necesita conseguir una varita. Puede hacerlo con bastante eficacia con un trozo de selenita en cualquier forma. Sin embargo, ayuda tener una pieza que tenga un poco de longitud, ya que puede cubrir un área más grande con ella. Al igual que cuando se coloca la varita a unos centímetros de la piel, la tarea es la misma. El objetivo es recorrer todo el cuerpo y determinar el rendimiento de las distintas partes del mismo. Para algunas personas, este método es más eficaz que el uso de un péndulo para investigar el estado de los chakras. Se puede utilizar la selenita para los chakras, para el cuerpo e incluso para los espacios de la casa que parecen desprender energía negativa.

Cuencos de sonido de cristal para la alineación de los chakras

Al igual que cada chakra se asocia con una determinada piedra y un determinado color, también se asocia con un determinado sonido. Más concretamente, una nota determinada y una frecuencia de audio específica. Estas notas, como el Do, o el Fa, junto con frecuencias específicas como 600 MHz u 800 MHz, pueden utilizarse para entrar en contacto con ese chakra específico. Por ejemplo, si el chakra de la corona está asociado a la nota C y resuena a una frecuencia de 600 MHz, siempre que escuche esta frecuencia o se exponga a un sonido de esa frecuencia o en esa nota, sentirá su impacto en ese chakra.

Para que esto sea más eficaz, los practicantes utilizan cuencos de cristal que suelen estar hechos de cuarzo. Algunos cuencos de acero están sintonizados con las mismas frecuencias. Si está trabajando en la limpieza de un determinado chakra, necesitará el cuenco apropiado y el palo que se utiliza para crear el sonido en ese cuenco. El proceso comienza calmándose como lo haría con otras técnicas y luego simplemente tocando el sonido de ese cristal hasta que sienta que el chakra asociado ha sido limpiado. También se puede comprobar la eficacia de la terapia de sonido repasando los chakras con una piedra de selenita o comprobando su estado con un péndulo.

Capítulo 15: Cómo crear agua de cristal

El método de utilizar agua de cristal con fines curativos existe desde hace miles de años. Se cree que los cristales tienen propiedades curativas que ofrecen varios beneficios. El agua de cristal o de gema puede ser ingerida o utilizada para el baño como parte del proceso de curación. Este capítulo trata de las técnicas que puede utilizar para hacer su propia agua de gemas o cristales. Sin embargo, debe saber que esta agua no puede sustituir al tratamiento médico. Es aconsejable que visite a su médico si tiene una condición médica especial. Además, debe evitar absolutamente el uso de piedras tóxicas.

¿Qué es el agua de cristal o gema?

Cuando el agua se expone a un cristal, sus moléculas reorganizan su estructura para adaptarse al cristal. La energía del cristal cargará el agua con iones negativos. El agua con gemas también se conoce como elixir de cristal, y es una forma de introducir el poder curativo de los cristales en nuestra vida cotidiana. El agua adoptará la vibración energética del cristal, por lo que estará consumiendo directamente ese poder curativo cuando la beba.

Usos del agua con gemas

Se cree que el agua con cristales ofrece varias propiedades curativas. El agua puede interactuar con los cristales para proporcionar varios beneficios a los usuarios. El uso del elixir de gemas con fines curativos existe desde hace miles de años. Los cristales, las gemas y las piedras pueden irradiar vibraciones y energía a su entorno. Por ejemplo, el consumo de agua cristalina en botellas de agua de cristal existe desde hace varios años, y muchas personas han comenzado a comprender las ventajas de hacerlo.

Los científicos han demostrado que los cristales pueden reestructurar el agua para crear un nuevo tipo de agua que contiene las propiedades curativas del cristal. Se cree que frotar, sostener o colocar cristales en el cuerpo puede ayudar significativamente a reequilibrar su campo energético, disminuyendo así el estrés, la depresión, la ansiedad y el dolor físico. Varios cristales también pueden tener un impacto positivo en muchos aspectos, como el aumento de la confianza en uno mismo y otros beneficios. Sin embargo, no todas las gemas proporcionan beneficios, ya que algunas contienen materiales tóxicos.

Cómo preparar el agua de cristal/gema

Hay varios métodos que puede utilizar para preparar el agua de cristal o de gema. Los cristales proporcionan frecuencias energéticas que potencian la eficacia del agua de gemas. Puede mantener su agua cristalina simple, o puede utilizar recetas más complejas una vez que tenga más experiencia. Sin embargo, debe tener claras sus intenciones a la hora de elegir el mejor método para hacer agua de gemas.

Lo primero y más importante que debe hacer antes de añadir su cristal preferido al agua es pasar algún tiempo sosteniendo la piedra en la mano. Es crucial establecer su intención y visualizar cómo le gustaría que el agua de cristal cambiara su vida, su espíritu y su cuerpo. Una vez realizado este ritual, puede comenzar a preparar su agua de cristal. Hay principalmente tres métodos entre los que puede elegir.

- **Método directo**

El método directo es probablemente la forma más fácil de crear agua de gemas. Simplemente añada un cristal en su agua, y el agua está lista para beber. Sin embargo, debe asegurarse de que los cristales no sean tóxicos cuando elija este método. Debe lavar a fondo los cristales para asegurarse de eliminar cualquier bacteria o suciedad. También necesita limpiarlos energéticamente después de establecer su intención.

Una vez que haya colocado el cristal en el agua, puede cubrir el recipiente de cristal con una tapa y dejarlo durante algún tiempo. Puede colocar el recipiente con el agua de la gema en un lugar soleado para aumentar su energía. Los rayos UV y el calor del sol también infunden al agua para que pueda durar más tiempo. La luz del sol también posee poderes curativos naturales. Puede utilizar el método directo para preparar el agua de cristal para el baño. Solo tiene que añadir la piedra al agua del cubo y darse un baño. Asegúrese de lavarse todo el cuerpo con el agua de cristal.

- **Método indirecto**

Necesita dos recipientes de vidrio si quiere hacer agua de cristal con el método indirecto. Debe tener un recipiente de cristal grande que contendrá el agua y una jarra de cristal pequeña que se asentará dentro del agua en el vaso más grande. Asegúrese de utilizar agua sin gas o cualquier agua limpia del grifo. Lo siguiente es cargar y limpiar sus cristales. Asegúrese de tener una intención para el agua de los cristales.

Coloque el cristal dentro del frasco secundario o el más pequeño dentro, del recipiente más grande que contiene el agua. Asegúrese de colocar su frasco pequeño en el centro del cuenco de cristal más grande. Es vital asegurarse de que el cristal no entre en contacto con el agua. Las vibraciones del cristal y su energía pueden pasar al agua a través del vidrio, por eso hay que utilizar el vidrio en lugar del plástico o el metal.

Lo bueno de este método es que el cristal no entra en contacto con el agua, lo que garantiza la seguridad. Algunas piedras son tóxicas, pero al utilizar este método, la seguridad está garantizada, ya que no hay contacto directo entre el agua y las gemas. Además, obtendrá los mismos beneficios que con el método directo.

● **Método del elixir de cristal**

El otro método implica el uso de una botella de agua de cristal, pero debe seguir ciertas precauciones. Primero tiene que investigar un poco para conseguir una marca de buena reputación que venga con una cámara separada para los cristales mientras que el agua está en el otro lado. Asegúrese de conseguir una marca que no incluya pegamento, adhesivo o metal para asegurar su piedra en su lugar. Este método es ideal, ya que no involucra botellas de plástico, garantiza la seguridad, amplía las piedras que usa, ofrece cualidades curativas efectivas y puede utilizarlo en cualquier lugar.

Todo lo que necesita hacer es llenar la cámara dentro de la botella de energía con sus cristales preferidos y añadir agua a la botella. Tendrá un elixir seguro, portátil y fácil de cambiar, ya que los cristales tienen una cámara separada y no entran en contacto con el agua. Mientras las piedras no entren en contacto con el agua, tiene la garantía de que su agua de gemas será segura.

Recetas de agua con gemas

Otro aspecto importante que puede tener en cuenta a la hora de preparar el agua con gemas es utilizar una receta. Puede elegir una receta que se adapte a su intención. Hay varias recetas que puede conseguir en Internet, y las siguientes son algunas de las que puede probar.

- **Cuarzo rosa:** Esta receta es ideal para todo lo relacionado con el corazón, como el amor y la abundancia. También puede utilizar cuarzo claro para conseguir los mismos resultados.

- **Cuarzo claro y cuarzo ahumado:** Si quiere aclarar sus pensamientos, puede elegir esta receta. También ayuda a despejar la negatividad que puede impactar en su vida de diferentes maneras.

- **Cuarzo lepidolita, ahumado y hematita:** Esta solución está pensada específicamente para enraizar y despejar la ansiedad.

- **Amatista y cuarzo claro:** Esta receta es útil con problemas como las adicciones, y también aporta una vibración a su vida.

Utilizar el agua de cristal o el elixir de gemas es una forma segura y eficaz de aprovechar los beneficios para la salud de los dones proporcionados por la madre naturaleza. El agua desempeña un papel fundamental en nuestro cuerpo. La estructura molecular del agua es importante, y esta es la razón por la que se añade un cristal para ayudarnos a obtener poderes curativos de calidad. Se necesita aproximadamente un galón de agua al que se le puede añadir poder curativo para crear una conexión con la Tierra. La incorporación de elixires de gemas también puede ayudarle a mantener su cuerpo hidratado.

Preparación final de su agua de cristal

Cuando termine de preparar su agua de cristal o de gemas, puede colocarla bajo el sol o la luz de la luna, en la nevera o en el banco de la cocina. Puede poner su agua en algún lugar que considere seguro. También debe asegurarse de cubrir el agua con una tapa para evitar que entren bacterias o bichos. Es esencial dejar el agua de gema durante unas 24 horas para obtener resultados efectivos, pero debe beberla antes de 48 horas, ya que no tiene conservantes.

Agua de cristal y seguridad

Entre los tres métodos de preparación del agua para gemas comentados anteriormente, el método indirecto es el más seguro, ya que su cristal no entrará en contacto con el agua. Esto significa que disfrutará de un 100% de seguridad cuando utilice el proceso indirecto para hacer su agua para gemas. El método directo es arriesgado, especialmente si está creando agua de cristal que quiere ingerir. Para minimizar las posibilidades de riesgo, tiene que utilizar cristales seguros que pertenezcan a la familia del cuarzo. Por ejemplo, el cuarzo claro es probablemente el maestro sanador, y su uso es seguro. Ayuda significativamente a mejorar la memoria, la inmunidad y la concentración. El cuarzo rosa es otro cristal que puede mejorar las relaciones interpersonales. También puede utilizar el cristal de obsidiana, ya que es seguro, ayuda a mejorar la claridad interna y proporciona un gran sentido de propósito.

Sin embargo, incluso si utiliza piedras que son naturalmente no tóxicas, como el cuarzo rosa, es posible que nunca sepa los productos químicos que se aplicaron durante el proceso de pulido. En la mayoría de los casos, se utiliza óxido de aluminio para pulir las piedras. Otros compuestos utilizados son la cera o el aceite. Para reducir el riesgo de toxicidad causado por los metales pesados y otros productos químicos, los usuarios deben desintoxicarse. El método indirecto debería ser su opción preferida para evitar estos problemas, ya que el cristal no entra en contacto con el agua en absoluto. Otras piedras que puede utilizar con el método indirecto son la hematita y el litio para la ansiedad.

A la hora de preparar el agua de gemas, debe saber que ciertos cristales contienen material tóxico que puede ser perjudicial para su salud. Muchas piedras pueden disolverse en el agua y pueden oxidarse o corroerse. Otras contienen radiaciones o minerales que pueden hacerlas peligrosas para el consumo humano. Los minerales y los cristales contienen naturalmente compuestos tóxicos que pueden afectar a la salud si se consumen en dosis elevadas. Por ejemplo, el plomo, el cobre, el amianto, el aluminio y otros minerales contienen materiales tóxicos que no son adecuados para el consumo.

El problema con muchas piedras es que no se puede determinar su nivel de riesgo sin analizarlas en un laboratorio. Sin embargo, esto es imposible, ya que la mayoría de la gente asume que se tomaron medidas de seguridad cuando las piedras fueron cortadas y pulidas. Numerosas gemas pueden hacer que su agua sea tóxica, aunque estén pulidas. Otras piedras están recubiertas de productos químicos, y acabamos bebiéndolas sin saberlo.

La mayoría de los cristales están tratados con productos químicos, y es probable que haya partículas de suciedad en el interior de las hendiduras. Estas partículas pueden afectarnos a largo plazo. Cuando elija los cristales, debe saber que algunos son tóxicos por naturaleza, por lo que debe evitarlos. Por ejemplo, la piedra de luna, el cinabrio, la algodonita, la pirita y la azurita son algunas de las piedras que debe evitar, ya que contienen materiales tóxicos. Tiene que investigar las diferentes piedras y sus propiedades para evitar materiales dañinos que puedan afectar a su salud.

Se cree que el agua de cristal posee poderes curativos que pueden ayudar a resolver diferentes problemas como la depresión, la ansiedad, el aumento de la confianza y otros. Si se añade un cristal al agua, esta se reestructurará para ofrecer beneficios a la salud. Aunque no hay beneficios medibles para la salud del agua con gemas, se cree que se puede obtener una sensación de equilibrio, facilidad y bienestar simplemente usándola. Sin embargo, hay diferentes pasos que debe seguir al preparar el agua para garantizar la seguridad. Otros cristales contienen material tóxico, por lo que debe elegir el método adecuado al preparar su agua de gemas. Asegúrese de guardar su botella de agua de gemas en un lugar seguro. El siguiente capítulo se centra en las rejillas de cristal para la manifestación.

Capítulo 16: Rejillas de cristal para la manifestación

Las rejillas de cristal no juegan un papel en las sesiones de sanación con cristales, pero son herramientas que se pueden utilizar para manifestar ciertas cosas como una relación, buena salud, una nueva carrera, y cualquier cosa que pueda tener un impacto positivo en la vida. Si quiere crear una rejilla de cristal, hay diferentes cosas que debe tener en cuenta. Este capítulo proporciona un tutorial paso a paso sobre cómo crear una rejilla de cristal.

¿Qué es una rejilla de cristal?

Una rejilla de cristales es un lugar deliberado y con un propósito en el que puede colocar cristales dentro de un patrón geométrico particular para apoyar una intención específica. Hay diferentes tipos de rejillas geométricas que puede utilizar en función de su intención y de lo que quiera conseguir.

¿Cómo funciona una rejilla de cristales?

La combinación de varios cristales puede potenciar significativamente sus poderes, ya que se sinergizan. Lo más importante es que el poder de cada cristal se combinará con los poderes proporcionados por otros cristales para crear una energía colectiva. Por lo tanto, cuando establezca una intención, es probable que obtenga excelentes resultados como resultado del rayo de poder altamente cargado dirigido hacia sus oraciones. El patrón geométrico sagrado ayudará a dirigir esta energía particular de manera más eficiente y efectiva.

La geometría sagrada utiliza diferentes patrones que se encuentran en la naturaleza, y se reproducen en el diseño, la arquitectura y el arte humano. Esencialmente, una combinación de patrones sagrados y diferentes cristales puede ofrecer resultados efectivos. Sin embargo, usted puede lograr esto sí puede hacer una rejilla de cristal que se adapte a sus necesidades.

¿Cómo se crea una rejilla de cristal?

Al crear una rejilla, hay diferentes pasos que debe seguir. No es necesario seguir un orden cronológico concreto, pero asegúrese de cubrir todos los pasos. Por ejemplo, puede comenzar limpiando sus cristales y, al mismo tiempo, pensar en una intención y en la forma de la rejilla. Como puede ver, el enfoque que adopte para crear su rejilla es una cuestión de preferencia personal. A continuación se indican algunas de las medidas que debe considerar cuando construya su patrón geométrico para la manifestación.

Limpie su espacio y límpiese usted mismo

Lo primero y más importante es que debe limpiar el lugar. Debe limpiar su espacio y ordenar todo antes de comenzar cualquier ritual. No es bueno crear su ritual en un lugar sucio, ya que esto puede afectar a los resultados. También necesita sahumar su casa y deshacerse de cualquier energía negativa que pueda afectar a su hechizo. Esto ayudará a purificar el ambiente para ayudar a los cristales cargados a infundir su intención.

Después de limpiar su espacio, necesita limpiarse a sí mismo para eliminar las energías negativas que pueden tener un impacto negativo en usted. Debe comenzar con un masaje reparador que se caracterice por unos momentos de tranquilidad en los que reflexione sobre lo que quiere conseguir con su rejilla de cristales. Es fundamental dedicar un tiempo a la concentración antes del tratamiento propiamente dicho. La concentración ayudará a profundizar la relajación, a aquietar la mente y a inspirar una poderosa manifestación que le ayude a alcanzar sus objetivos futuros.

Comenzar con una intención

Establecer su intención es la clave cuando quiere crear una rejilla de cristal. No hay una fórmula para establecer una intención, ya que implica cualquier cosa significativa dependiendo de lo que quieras lograr. Puede elegir una intención que se centre en el amor y las relaciones, la salud y el bienestar, el éxito y la prosperidad, o cualquier tema que pueda tener un impacto positivo en su vida.

En otras palabras, una intención es un deseo o una oración por algo que quiere manifestar. También puede ser algo que quiera atraer a su vida. Por lo tanto, elige algo significativo y fuerte en su corazón. Cuando se decida por una intención específica, escríbala y busque un lugar tranquilo donde pueda sentarse a meditar.

La meditación ayuda a su corazón a centrarse en las cosas positivas de su vida. También debe respirar e inhalar profundamente cuando esté meditando. Tiene que mantener su intención en mente cuando pase a las otras etapas de la creación de su cuadrícula. Guarde su intención escrita en un lugar seguro, y recuerde siempre que es el corazón y el alma de su rejilla de cristal.

Elegir los cristales

Una vez que conozca su intención y lo que quiere manifestar, debe elegir los cristales o piedras que se adapten a sus deseos. Tenga en cuenta que una intención es un deseo y que diferentes cristales cumplen diversas intenciones. Cuando utiliza cristales de diferentes tipos, tamaños y propiedades, su intención se puede magnificar, por lo que las rejillas suelen ser poderosas. Si es un principiante en la sanación con cristales, puede tomar el color como punto de partida.

Es vital saber que el color de cada cristal simboliza algo en la vida. Por ejemplo, los cristales dorados y verdes representan el dinero, el rosa y el rojo se relacionan con el amor y el afecto, mientras que el naranja y el morado suelen asociarse con la creatividad y la suerte. Además, siempre debe confiar en su intuición y utilizar cualquier cristal particular que le hable. Recuerde que es necesario un "cristal maestro", ya que lo colocará en el centro para proporcionar energía a su rejilla.

Los cristales que selecciones deben alinearse con su intención. Cada cristal debe desempeñar un papel crucial a la hora de crear su rejilla. Por lo tanto, la elección de la piedra ideal es crítica, ya que esto determinará el resultado de sus intenciones. Aparte del color de los cristales, también debe conocer las demás propiedades y el poder curativo del cristal antes de seleccionarlo. El cuarzo rosa es perfecto para atraer y fortalecer el amor. Si su intención se centra en el romance, debería incluir este cristal en su cuadrícula.

Por otro lado, el citrino desempeña un papel importante en la construcción de la confianza y la autoestima. Los cristales son únicos, ya que consisten en una frecuencia que puede impregnar a cualquier persona, espacio o intención en el caso de las rejillas de cristal. Por lo tanto, tómese un tiempo para conocer los diferentes cristales que apoyan y se alinean con su intención. Los siguientes son algunos de los cristales que puede considerar para su intención.

Cristales que apoyan la abundancia

- Ámbar.
- Citrino.
- Jade.
- Aventurina verde.

Cristales del amor y el romance

- Esmeralda.

- Cuarzo rosa.

- Cuarzo claro.

Cristales que promueven la paz y la serenidad

- Amatista.

- Malaquita.

- Piedra de luna.

- Cuarzo claro.

Para la verdad y la expresión honesta, considere

- Esmeralda.

- Cianita azul.

- Cuarzo claro.

- Obsidiana.

Debe limpiar sus cristales antes de colocarlos en la rejilla.

Elija una forma de rejilla

Hay varias opciones de rejilla disponibles. Sin embargo, la elección de la rejilla adecuada puede resultar desalentadora, pero puede superarla dando a conocer su intención de antemano. Esto le ayudará a crear la cuadrícula adecuada que se ajuste a sus deseos. Por ejemplo, una rejilla cuadrada le ayuda con los límites, mientras que una rejilla circular es conocida por proporcionar protección. Una rejilla con múltiplos de tres es ideal para la manifestación, mientras que una con múltiplos de 4 es ideal para encontrar dirección y claridad.

También hay que tener en cuenta la forma de la cuadrícula para elegir la que mejor se adapte a sus necesidades. Una simple búsqueda en la web puede darle infinidad de resultados. La forma más fácil de crear una rejilla es utilizar una impresa en papel. Cuando ya tenga un esquema en papel o en una tela, el siguiente paso es colocar sus cristales sobre él. Las rejillas de cristal desempeñan un papel en la combinación de la geometría sagrada con el poder de la sanación. La disposición de los cristales y la forma de la rejilla pueden contribuir en gran medida a amplificar el resultado deseado.

Cuando haya seleccionado una rejilla que resuene con sus deseos, lo siguiente que debe hacer es cargarla. Puede conseguirlo expresando su intención en voz alta. Cuando haya creado un espacio adecuado, puede volver en cualquier momento para inspirarse y meditar. Cuando diseñe una rejilla, debe saber que puede utilizarla repetidamente. Si se utiliza correctamente, su rejilla puede darle tranquilidad.

Colocar sus cristales preferidos

Una vez que su rejilla esté lista y haya seleccionado sus cristales, puede comenzar a colocarlos. Esta es la parte más interesante, pero hay una fórmula que debe seguir. Tiene que comenzar desde el exterior y colocar sus cristales moviéndose hacia el interior. Mantenga su intención en mente mientras coloca sus piezas de piedra en el patrón. Cuando coloca el cristal maestro en el centro, está listo para activar y conectar con su rejilla.

Puede utilizar el cuarzo transparente para conectar los puntos a medida que trabaja desde el exterior, yendo hacia el interior. No olvide colocar su intención escrita debajo de la piedra de enfoque. Siempre debe seguir su intuición y conocer el propósito de cada piedra que coloque en su cuadrícula. La piedra central es el corazón de su rejilla y simboliza la vida. Al igual que los organismos vivos, los cristales tienen un "aura", que también se llama torus de energía. Por lo tanto, el centro actúa como un ancla aquí.

La piedra central también actúa como la antena que transmite las señales a otras partes de la red. También transmite su intención de crear un vínculo con el universo. En otras palabras, la piedra central es el aspecto central que se comunica con el universo. También es la piedra más grande de la rejilla y proporciona la energía vibratoria más alta. Esto significa que controla todas las actividades que tienen lugar dentro de su rejilla.

Los cristales circundantes están dispuestos en forma geométrica, y representan diferentes cosas dependiendo de sus deseos e intenciones. El número de piedras exteriores que necesitará dependerá de la complejidad o sencillez de su rejilla. Como ya se ha dicho, sus intenciones determinarán los tipos de cristales que elegirá para su rejilla. Estas piedras exteriores también actúan como modificadores de la rejilla. También son vistas como satélites que se encargan de transmitir su intención al mundo exterior. También reciben su intención desde el exterior y se comunican con el cristal del centro.

También necesita considerar las piedras de amplificación cuando construye su rejilla. Se trata de piedras o puntos de cuarzo que se colocan en los puntos geométricos situados entre las piedras circundantes. Aunque no son necesarias, debe saber que el cuarzo ayuda a amplificar, transmitir y potenciar su rejilla.

De nuevo, los objetos de importancia son opcionales, y pueden incluir cualquier elemento alineado con su intención. Pueden ser flores, hojas, plantas o cualquier objeto que resuene con su idea original. Puede pensar en cualquier cosa que le haga feliz, y recuerde decir su intención cuando ponga objetos adicionales en la rejilla.

Activar su rejilla

Cuando su rejilla esté lista, debe utilizar un cristal, un péndulo, una varita de metal o sus manos para extender el campo de energía y transmitir y amplificar su intención a la rejilla. Para una varita de cristal, tiene que utilizar selenita para trazar y dibujar una línea entre cada cristal y así conectarlos. Puede utilizar su imaginación al realizar este proceso y asegurarse de conectar todos los puntos.

Esta acción está diseñada para ayudarle a conectarse con su rejilla para que pueda comenzar a trabajar para usted y cumplir con sus intenciones. Es esencial que elabore una declaración concisa que represente algo que quiere manifestar antes de activar su rejilla. Tiene que decir esta afirmación en voz alta y repetirla mientras dirige su mano o varita hacia el cristal del centro. Visualice la rejilla iluminando su intención y muévase conectando los puntos con las manos que se ciernen sobre cada cristal para conectarlos. También puede ayudar visualizar la energía de la rejilla creciendo a medida que la activas.

Cuando sienta que ha hecho lo suficiente y que su rejilla está activa, puede concluir expresando su gratitud por su apoyo. Cuando ofrezca sus comentarios finales, recuerde decir su intención en voz alta mencionando el propósito de la rejilla. También debe exponer sus deseos y terminar siempre con gratitud. Debe dar las gracias a los cristales por cumplir sus deseos y por trabajar en su favor.

Dedicar algo de tiempo a su rejilla

Cuando por fin haya activado su rejilla, esta comenzará a trabajar para usted. Puede que los resultados no sean evidentes de inmediato, pero esto no es un problema. Debe tener fe en su rejilla y creer en sus instintos. Sin embargo, es necesario que le dedique algo de tiempo para obtener los resultados que desea. Otro aspecto importante es que tiene que seguir reconociendo su rejilla todos los días. Puede hacerlo sentándose y meditando con su rejilla de cristal. Esto puede ayudar mucho a consolidar el vínculo entre usted y su rejilla.

También puede tomarse unos segundos para admirar su rejilla mientras su intención es simultánea. Mientras esté en contacto directo con su rejilla, esta seguirá trabajando para usted. Sin embargo, debe saber que no puede utilizar su rejilla de forma permanente. Llegará un momento en que deba guardar la rejilla, especialmente cuando ya no pueda notar sus efectos. Sin embargo, puede utilizar la misma rejilla en el futuro, dependiendo de su intención. Algunas intenciones se superponen y pueden utilizar la misma rejilla de cristal. Esto puede ahorrarle tiempo si puede utilizar la misma rejilla repetidamente. Vale la pena guardar sus patrones de papel para poder utilizarlos de nuevo. Guárdelos de forma segura en un entorno limpio y sin polvo.

Una rejilla de cristal no forma parte de una sesión de sanación, pero es una herramienta que puede utilizar para manifestar cosas específicas como buena salud, una nueva carrera o cualquier cosa que pueda marcar la diferencia en su vida. Su intención puede ser sobre cualquier cosa que se adapte a sus necesidades y le ayude a recordar que hay *una rejilla especial solo para usted*. Por lo tanto, su intención es el aspecto más importante que determina la forma y los cristales que puede utilizar en su rejilla. Los diferentes pasos que debe tener en cuenta si quiere crear una rejilla de cristales se muestran anteriormente en este capítulo y vale la pena guardarlos para futuras referencias. Si sigue los consejos explicados anteriormente, podrá agilizar el proceso. Es importante que investigue un poco antes de crear su rejilla.

Capítulo 17: El cuidado de los cristales

Los cristales se utilizan en las prácticas de meditación para promover la relajación y la calma en el cuerpo, la mente y el espíritu. Algunos cristales tienen la capacidad de absorber la energía negativa, mientras que otros la desvían. Estos objetos sensibles pueden captar las energías de las personas que los manipulan o simplemente por estar en la tienda junto a otros cristales. Por ello, la limpieza y el cuidado de sus cristales es esencial para obtener el máximo beneficio de ellos. Este capítulo le mostrará varias formas de limpiar sus cristales y le explicará cómo activarlos y almacenarlos correctamente.

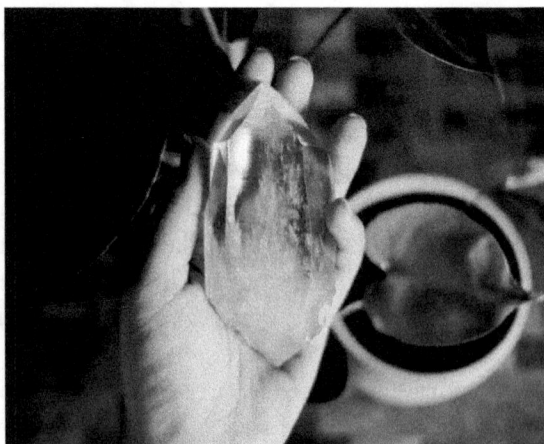

Cómo limpiar sus cristales

• Agua salada

La sal es un gran limpiador de energía porque absorbe la energía negativa y permite el flujo de energía positiva. Puede limpiar sus cristales en un poco de agua de mar si es accesible, o simplemente puede crear una solución de sal y agua en casa. Llene un cuenco pequeño con agua y luego disuelva una cucharada de cualquier tipo de sal que tenga a mano, ya sea sal de roca, sal marina o sal de mesa normal. Introduzca sus cristales o piedras preciosas en el cuenco después de asegurarse de que el agua los cubre por completo. Puede mantener los cristales sumergidos desde dos horas hasta varios días. Luego, sáquelos y séquelos con una toalla antes de usarlos. Este método es ideal para piedras duras como cualquier tipo de cuarzo y amatista. Es mejor no utilizarlos en piedras más blandas con superficies porosas como la angelita, la calcita y la selenita.

• Agua corriente

El agua corriente es otra forma sencilla de limpiar sus cristales. El agua ayuda a lavar cualquier energía negativa o estancada en cualquier tipo de piedra. Lo mejor es utilizar una fuente natural como un arroyo o un río para limpiar sus piedras, pero también puede utilizar el grifo de la cocina como alternativa. Simplemente mantenga su piedra bajo la superficie del agua durante al menos un minuto. Si utiliza agua del grifo, asegúrese de girar los cristales para limpiar todas las zonas. Este método también es mejor utilizarlo en piedras duras.

• Luz del sol y de la luna

La luz natural del sol y de la luna son excelentes formas de limpiar sus cristales. Puede dejar sus cristales expuestos a la luz de la luna llena antes de acostarse y dejarlos hasta el día siguiente, justo antes del mediodía. Es mejor no dejar las piedras bajo la luz directa del sol, especialmente en las horas más calurosas, entre las 11 y las 14 horas. Esto se debe a que la superficie de los cristales puede dañarse. Si es posible, trata de colocar sus piedras directamente en el suelo para permitir la conexión a tierra y liberar la energía negativa. Asegúrese de colocarlos en un lugar seguro donde las mascotas u otros animales no puedan alcanzarlos. Por la mañana, tome sus cristales y lávelos para deshacerse de la suciedad y séquelos bien. Este método puede durar de 10 a 12 horas, dependiendo de la hora a la que se acuesta hasta la mañana, para beneficiarse de los rayos solares y lunares. Tenga cuidado de no utilizar este método en piedras frágiles como la halita, la celestita y la selenita.

• Limpieza con arroz

Limpiar sus cristales con arroz integral es otra forma eficaz de deshacerse de la energía acumulada. Este método es perfecto para las piedras protectoras como la amatista, la piedra lunar, el citrino y la turmalina negra, pero también funciona para cualquier tipo de piedra. Basta con llenar un cuenco cualquiera con arroz integral y colocar las piedras en él para cubrirlas por completo. Tenga en cuenta que, dado que el arroz absorbe toda la energía de la piedra, es mejor disponerlo lejos de su casa. Puede dejar que sus piedras se asienten en el arroz durante todo un día antes de utilizarlas.

• Sahumerio

Esta técnica se ha utilizado durante miles de años en muchos rituales y ceremonias. Se utilizaba no solo para limpiar las piedras y las auras, sino también con fines medicinales. Al realizar el sahumerio, necesita establecer su intención de limpiar sus cristales. Es un concepto sencillo, así que no lo piense demasiado. Es bastante similar a lo que debe hacer antes de cualquier sesión de meditación. Necesita poner su mente a pensar en dar la bienvenida a la positividad en la habitación y desterrar cualquier negatividad fuera de su casa. Cuando establezca su intención, utilice palabras claras para expresar su deseo de limpieza. Por ejemplo, puede decir: "Tengo la intención de limpiar esta habitación de la energía negativa acumulada". Puede alterar la frase como quiera, ya que es solo una forma de concentrarse en su intención sin ninguna distracción.

Para realizar la limpieza, necesitará un manojo de hierbas o un bastón de salvia. Esto se debe a que se considera que la salvia tiene numerosas cualidades beneficiosas, ya que ayuda a promover la relajación y la paz en cualquier espacio. También necesitará una bola de metal o una concha de abulón si está disponible. Si tiene una pluma, puede utilizarla para esparcir el humo de la varilla de salvia quemada, pero si no, puede utilizar simplemente sus manos. Por último, necesitará un encendedor o una caja de cerillas para encender el palo de salvia. Antes de iniciar el procedimiento, es importante que se coloque en un estado de ánimo de relajación para poder establecer su intención. Siéntese en su espacio de meditación en casa y respire profundamente para calmarse. Concéntrese en su respiración e intente despejar su mente.

La idea principal es pensar en cómo la vara de salvia encendida está limpiando el espacio de la habitación y alrededor de sus cristales. Este método es ideal para los cristales más grandes y pesados que no se pueden recoger fácilmente. Puede recitar un mantra o una oración si lo desea; esto puede ayudarle a entrar en el estado de ánimo de la espiritualidad y la curación energética. Tenga cuidado con las cenizas que salgan despedidas del palo quemado. Abra las ventanas para dejar salir la energía negativa y permitir una buena circulación del aire. Si le preocupan las cenizas quemadas, puede colocar el manojo de salvia en un cuenco de metal, encenderlo y luego llevar el propio cuenco para mover el humo alrededor de sus cristales o de toda la habitación. Es una buena práctica limpiar la propia sala de meditación mientras limpia sus piedras. Puede continuar el ritual de limpieza durante unos minutos o hasta que sienta que la energía que le rodea está renovada.

• Limpieza de sonido

La limpieza de sonido es una gran manera de desviar la energía negativa de una habitación o de sus cristales. Piense en cómo escuchar melodías suaves le ayuda a relajarse en comparación con escuchar ruidos fuertes. Hay ciertas vibraciones o frecuencias que promueven la curación y la limpieza. El uso de terapias de sonido se remonta a miles de años atrás. En la cultura tibetana destaca en forma de campanas o cuencos cantores, que en los últimos años se han popularizado en el mundo occidental como método de limpieza. Los cuencos cantores están dispuestos de una manera determinada, de modo que cada cuenco produce una sola nota. Juntos, forman una melodía relajante conocida como "baño de sonido". Se llama baño de sonido porque se asemeja a tomar un baño, lavar cualquier energía negativa y sentirse renovado.

Cuando quiera limpiar su sala de meditación o toda su casa, puede utilizar la limpieza de sonido además de colocar selenita en todos los rincones de su casa. Esto ayuda a magnificar el efecto positivo de la selenita, que aporta paz y tranquilidad a su hogar. Las frecuencias de sonido ayudan a cortar cualquier energía negativa y a eliminarla de la habitación. La misma técnica se aplica en la limpieza de cristales. Puede realizar el procedimiento en la habitación donde guarda sus cristales, especialmente si son grandes. Si tiene piedras más pequeñas, simplemente colóquelas sobre una mesa o a su alrededor en el suelo mientras realiza la limpieza de sonido. Lo bueno es que este método es efectivo en cualquier tipo de piedra, y solo se necesitan diez minutos para terminar el ritual de limpieza.

Hay varias maneras de producir frecuencias de sonido con el propósito de limpiar. Los cuencos tibetanos son una gran manera de limpiar sus cristales. Utilice cuencos cantores de metal para este propósito porque producen un gran sonido que puede extenderse a todos los rincones de la habitación. Para crear un sonido, golpee los cuencos con un mazo y armonice entre los cuencos para obtener el sonido deseado. También puede rodear la parte superior de los cuencos con el mazo para crear un sonido duradero. Cuando sienta que es capaz de crear una bonita melodía, intente que el sonido llegue a todos los rincones de la habitación hacia arriba y hacia abajo. Para limpiar sus cristales, colóquelos en el centro mientras los rodea con los cuencos cantores.

También puede utilizar campanas en este método. Las campanas ayudan a romper la energía estancada. Sostenga la campana en su mano mientras rodea sus cristales mientras hace sonar la campana para limpiarlos. También puede utilizar tambores para crear un sonido con fines de limpieza. Simplemente golpee el tambor a un ritmo constante o como se sienta cómodo. No hay reglas sobre el tipo de sonido que debe hacer, así que haga lo que le parezca natural. Si no quiere utilizar ningún instrumento, la forma más sencilla de crear un sonido es cantando y aplaudiendo. Puede notar que su estado de ánimo ya está cambiando cuando aplaude y canta su mantra favorito alrededor de sus cristales para limpiarlos de cualquier mala vibra que pueda haber en ellos.

• Limpieza con piedras

Otra forma estupenda y eficaz de limpiar los cristales es utilizar otras piedras. Puede utilizar una piedra más grande como el cuarzo, la selenita o los racimos de amatista para limpiar los cristales más pequeños. Simplemente coloque la piedra más grande sobre las piedras más pequeñas y permita que sus vibraciones limpien cualquier mala energía. Manténgala en esta posición durante un día entero antes de utilizar los cristales. Otra forma es utilizar cristales más pequeños para la limpieza, como la cornalina, la hematita y el cuarzo claro. Coloque los cristales en un cuenco y el que necesite limpiar encima durante un día también. Ambos métodos son adecuados para cualquier tipo de piedra.

• Limpieza por visualización

Si depende de la visualización en su meditación, puede utilizar simplemente esta técnica para limpiar sus cristales. Cuanto más sea capaz de entrar en contacto con su ser interior, más fácil será visualizar la limpieza de sus cristales o de cualquier habitación de su casa. Prepárese como lo haría durante las sesiones de meditación, respirando profundamente y sentándose cómodamente. Establezca su intención de limpieza como se ha descrito anteriormente. Sostenga el cristal que desea limpiar entre sus manos y cierre los ojos. Concéntrese en la imagen de la luz que sale de sus palmas hacia el cristal. Piense en cómo esta luz hace que el cristal brille cada vez más y visualice esta luz emitida desde el cristal. Siga visualizando esta luz hasta que sienta que sus impurezas se disuelven. Puede utilizar este método para cualquier tipo de piedra.

• Limpieza de la respiración

Los ejercicios de respiración pueden ser una gran ayuda mientras limpia sus cristales. Si está familiarizado con estos ejercicios, puede utilizar esta técnica para limpiar cualquier energía acumulada en sus cristales. Respirar con fuerza sobre sus cristales puede ayudar a elevar sus vibraciones y limpiar la energía negativa. Primero, comience por establecer su intención de limpieza mientras sostiene el cristal en su mano. Primero respire profundamente para asentarse y luego inhale profundamente durante cuatro segundos y exhale con fuerza por la nariz hacia el cristal. Repita el proceso varias veces. Debería tardar menos de un minuto por cada piedra. Este método es mejor para las piedras pequeñas que se pueden sostener fácilmente en la mano.

- **Cristales autolimpiables**

Algunos cristales no necesitan ser limpiados o recargados. Existen numerosas teorías de por qué esto es aplicable solo a algunos cristales. Se cree que algunos cristales desvían la energía negativa en lugar de absorberla. Sencillamente, no permiten la absorción de las malas vibraciones energéticas. Si bien es cierto que los cristales suelen transmitir y recibir energía, algunos de ellos son incapaces de absorber la energía negativa. Algunas piedras son consideradas como piedras limpiadoras, lo que significa que su mera presencia acoge solo la energía positiva y despeja cualquier energía negativa. Incluso se cree que tienen la capacidad de transformar esta energía negativa en energía positiva. Otros cristales se conocen como cristales protectores, que protegen contra cualquier energía maligna. Algunos practicantes tradicionales creen que tampoco necesitan ser cargados porque son capaces de activarse por sí mismos. Algunos cristales son más poderosos que otros, lo que hace que bloqueen cualquier energía negativa que se cruce con su frecuencia.

Un gran ejemplo de este tipo de cristal es el cuarzo en sus diferentes formas. Se consideran robustos, ya que soportan la energía negativa y no permiten que entre. La piedra ónix es muy utilizada por su capacidad para desviar la energía negativa. Otros cristales autolimpiadores son la selenita, la cianita y el citrino. Algunos cristales no son totalmente autolimpiables, pero pueden pasar mucho tiempo sin necesidad de ser limpiados como la astronomita, la fenacita, la obsidiana, la rodizita, la yoderita y el bórax.

Cómo reprogramar y almacenar sus cristales

Cuando haya terminado de limpiar sus cristales, necesita activarlos o reprogramarlos antes de utilizarlos para sus prácticas de meditación. Este paso es importante porque carga sus cristales con energía positiva que se utiliza para elevar su frecuencia y hacerlos más poderosos y efectivos.

En primer lugar, necesitará situarse en un lugar con mucha luz solar. Puede realizarlo al aire libre en un lugar tranquilo. Sostenga el cristal en su mano izquierda y establezca su intención de cargar los cristales. Por ejemplo, podría decir: "Este cristal se utilizará para traer luz, paz y amor". Cierre los ojos e imagine lo que quiere que los cristales hagan por usted, ya sea paz interior, éxito, amor o cualquier cosa que desee. Después, simplemente establezca su intención para este propósito diciendo: "Este cristal está dedicado a este propósito". Puede guardar el cristal en su bolsillo o llevarlo como colgante durante una semana más o menos para conectar con su energía.

Cuando guarde sus cristales, asegúrese de manipularlos con cuidado porque pueden ser frágiles. Puede envolverlos con un paño de seda individualmente para evitar que se rompan unos contra otros. Evite exponerlos demasiado a la luz del sol para evitar que se dañen.

En este capítulo hemos hablado de los diferentes métodos de limpieza y de cómo cargar y guardar sus cristales. Tenga en cuenta que su relación con sus cristales es crucial. Cada persona tiene su propia frecuencia y vibraciones únicas. Los cristales que funcionan para usted pueden no funcionar para otra persona. Con el tiempo y la práctica, comenzará a desarrollar una intuición hacia sus cristales y sabrá cuándo necesitan ser limpiados y recargados.

Apéndice: Propiedades de los cristales, minerales y piedras preciosas curativas

A continuación, se presenta una lista exhaustiva de todos los cristales comunes y sus beneficios. Los cristales que parecen similares en color, forma o tamaño son en realidad muy diferentes cuando se trata de su uso y energía. Con esta lista, puede evaluar fácilmente qué cristales obtener según sus necesidades.

Abulón: Es un arco iris iridiscente con aspecto de madreperla. El abulón es relajante, calmante y pacífico. Se utiliza comúnmente para aliviar la ansiedad, el estrés y el insomnio. También induce sentimientos de amor y compasión. **Chakra:** Corona, tercer ojo y corazón.

Egirina: Suele ser de color oscuro, con un aspecto puntiagudo. La egirina se utiliza para fortalecer el espíritu ante un momento difícil. Infunde sentimientos de positividad, elimina los pensamientos negativos, proporciona vigor energético. **Chakra:** Raíz.

Ágata: Viene en diferentes colores - negro, melocotón, azul, verde, ámbar, jaspeado. Todas ayudan a inducir sentimientos de calma, a desterrar la ansiedad, a disminuir la ira y a fortalecer las relaciones. **Chakra:** Raíz.

Amazonita: De color verde pálido, la amazonita suele considerarse un presagio de buena suerte. Calma el sistema nervioso y ayuda a mantener una excelente salud. La amazonita ayuda a las personas a ver las cosas desde diferentes puntos de vista y amplía su capacidad de empatía, al tiempo que alivia los sentimientos de ansiedad y miedo. También alivia las emociones de trauma y agitación. **Chakra:** Corazón y garganta.

Ámbar: Se cree que este cristal de color dorado trae buena suerte. También se utiliza para ayudar a aliviar los dolores de cabeza despejando la mente de diferentes obstáculos o pensamientos que provocan ansiedad. El ámbar también se utiliza para equilibrar las emociones, dejar de lado el miedo, disolver las emociones negativas, desarrollar la paciencia e incluso permite que las personas se sientan más acogidas hacia la sabiduría. **Chakra:** Tercer o plexo solar.

Amatista: De color púrpura intenso, la amatista posee varias propiedades curativas físicas, como mejorar el aspecto de la piel y reducir los dolores de cabeza. También es un tranquilizante natural, que alivia el estrés, alivia la irritabilidad y ayuda a equilibrar los cambios de humor severos. También alivia los sentimientos de miedo, rabia y ansiedad. **Chakra:** Corona.

Aguamarina: Con un singular y brillante color verde azulado, se cree que las tonalidades marinas de la aguamarina ayudan a las personas a curarse de los traumas emocionales al enfriar los conflictos y rebajar los ánimos. También ofrece un alivio del estrés y una sensación de paz al permitir que las emociones reprimidas resurjan para obtener claridad y cierre. **Chakra:** Garganta.

Piedra abalón: La piedra abalón se utiliza para enraizar el cuerpo y desintoxicar las energías negativas. Ayuda a soltar los bloqueos emocionales y permite a las personas reconocer sus instintos básicos de supervivencia, imbuyendo un sentimiento de seguridad. También fomenta la fuerza de voluntad y da sentimientos de fuerza y esperanza. **Chakra:** Corazón.

Azurita: De color azul brillante y suave, se cree que la azurita ayuda a las personas a encontrar el amor interior y fomenta la autoaceptación. También se cree que activa el chakra del tercer ojo, aportando verdad, sabiduría y dignidad. **Chakra:** Tercer Ojo.

Bismuto: El bismuto representa la trascendencia, el progreso y el orden. Ayuda a estimular la energía y la vitalidad, el tipo de energía que permite a las personas sentirse productivas y preparadas para alcanzar sus objetivos. También se utiliza en ejercicios de visualización y se cree que ayuda a aliviar los sentimientos de aislamiento y soledad. **Chakra:** Corazón, garganta, tercer ojo.

Lava negra: Con el mismo aspecto que tiene - como un trozo de lava negra - esta piedra es conocida por aportar una sensación de equilibrio, calma y fuerza. Se cree que ayuda a la gente a mantener el equilibrio y los ánimos bajo control. También permite a los usuarios trabajar con los problemas de una manera tranquila y lógica. **Chakra:** Raíz.

Blue John: El blue John se ha utilizado tradicionalmente para calmar los sentimientos de inflamación en los ojos, los oídos y la garganta. Además, a nivel emocional, se cree que el blue John pone orden en el caos y organiza las energías dispersas, creando una sensación de armonía en el usuario. **Chakra:** Corona.

Verdita o Jade Africano: De color verde oscuro intenso, la piedra búdica se utiliza para la fuerza. Ayuda a fomentar un sentido de autosuficiencia, una fuerte creencia en uno mismo y resistencia. También elimina las dudas sobre sí mismo. La gente utiliza la verdita para autorrealizarse y para encontrar su verdadero propósito. **Chakra:** Corazón.

Calcita: La calcita se presenta en diferentes colores, pero suele ser de color blanco lechoso o transparente. Se cree que fomenta sentimientos de equilibrio, armonía y paz. También aporta energía calmante y tranquilizadora, especialmente después de un día largo y estresante. **Chakra:** Plexo solar.

Cornalina: De color naranja rojizo cálido, la cornalina se utiliza para la motivación y la confianza. También es excelente para la creatividad, la armonía y los sentimientos de felicidad. La cornalina también está vinculada a los sentimientos de sensualidad emocional y se cree que favorece la fertilidad. **Chakra:** Sacro.

Casiterita: La casiterita se utiliza para eliminar los procesos de pensamiento negativos, para sofocar los sentimientos de preocupación y fomentar un sentido positivo del ser. También aumenta los sentimientos de espiritualidad. **Chakra:** Raíz.

Celestina: Un cristal azul celeste, la celestina se utiliza normalmente para la oración y la meditación. Aumenta los sentimientos de atención y ayuda a limpiar un entorno de energías tóxicas y negativas. La celestina se utiliza para fomentar el sentido de la camaradería y las relaciones saludables. **Chakra:** Tercer Ojo.

Calcedonia: Este mineral se conoce a menudo como la "piedra de la armonía". La calcedonia protege contra la energía negativa, fomentando el equilibrio emocional. Absorbe la energía negativa y fomenta la estabilidad y los sentimientos de seguridad en sí mismo. **Chakra:** Garganta.

Diópsido de cromo: Este mineral se utiliza para potenciar la creatividad y la autoconciencia. Tradicionalmente, también se ha utilizado para aliviar los dolores de cabeza, ya que calma los procesos de pensamiento negativos, y también favorece la recuperación de diversas adicciones, ya que enraíza al individuo dentro de su cuerpo. El diópsido de cromo despierta las energías del corazón, lo que permite a las personas recibir amor, al tiempo que aumenta el poder del amor, la confianza y la humildad. **Chakra:** Corazón.

Citrino: El citrino se utiliza para dar la bienvenida a la abundancia, promover la prosperidad y fomentar los sentimientos de positividad. También se ha utilizado tradicionalmente para eliminar las toxinas del cuerpo y fortalecer el sistema inmunológico. Fortalece la resistencia del cuerpo, aumenta los niveles de energía y potencia los sentimientos de vitalidad y creatividad. **Chakra:** Raíz.

Coral: Este mineral se utiliza para reducir los sentimientos de estrés y miedo y combate los nervios, la baja autoestima, el miedo y la depresión. También se cree que el coral reduce los sentimientos de pánico y las pesadillas. Se utiliza para atraer el éxito, fomentar la riqueza y fortalecer la previsión y la intuición. **Chakra:** Raíz.

Dolomita: La dolomita se utiliza para enraizar las emociones y bajarlas a la tierra. También se utiliza para equilibrar las energías y las emociones extremas. También ayuda a aliviar el insomnio, ya que actúa para calmar las preocupaciones y ansiedades. La dolomita también se utiliza a menudo para desintoxicar la mente y el cuerpo de sustancias o procesos de pensamiento negativos. **Chakra:** Raíz.

Esmeralda: Las piedras de esmeralda son gemas únicas en el sentido de que se cree que mejoran la intuición, producen una mayor sensibilidad psíquica y fomentan la clarividencia. Calman la vista y expanden los sentimientos de amor y calma. **Chakra:** Corazón.

Cuarzo de fuego y hielo: También llamado "aura de ángel", este tipo particular de cuarzo se utiliza para ayudar a las personas a obtener claridad, vencer la ansiedad y aliviar al usuario de los pensamientos negativos. Es el antídoto contra los pensamientos excesivos y las preocupaciones. Fomenta los sentimientos de paz, felicidad y tranquilidad, al tiempo que limpia el aura y proporciona claridad. **Chakra:** Corona.

Fluorita: Una piedra única multicolor muy utilizada por su efecto neutralizador de las emociones. Borra las energías muertas e introduce claridad en la mente. También destierra la preocupación y la ansiedad, fomentando así los sentimientos de paz. **Chakra:** Garganta.

Madera fósil: A veces también llamada "madera petrificada", la madera fósil es sinónimo de buena fortuna, sentimientos de estabilidad, seguridad, fuerza y calma. También se utiliza para mejorar la longevidad y la calidad de vida, a la vez que permite al individuo permanecer en el presente. **Chakra:** Raíz y tercer ojo.

Fucsita: La fucsita se utiliza para promover los sentimientos de amor y compasión y rejuvenecer los niveles de energía dentro del cuerpo. También promueve la claridad mental y la relajación, y es útil en la meditación profunda o la oración. Permite que las personas se conecten con su ser interior mientras crean un estado más relajado. **Chakra:** Corazón.

Piedra Gaia (obsidiana verde): Las piedras Gaia ayudan a aumentar los sentimientos de compasión, a curar las heridas emocionales, a crear conexiones espirituales más fuertes y a crear un espacio más fuerte para el amor propio. También se asocia con los sentimientos de armonía, la curación de las heridas emocionales, y permitir la cercanía con la Madre Naturaleza. **Chakra:** Corazón.

Granate: Esta piedra de color rojo intenso se utiliza para revitalizar, purificar y equilibrar la energía. También aporta serenidad e inspira amor y devoción. Por otra parte, el granate también puede utilizarse para aumentar la pasión, ya que equilibra el impulso sexual y allana la desarmonía emocional. También se asocia con el valor y los sentimientos de esperanza. **Chakra:** Corazón.

Gaspeíta: Esta piedra favorece el crecimiento espiritual y mejora las visiones. Potencia las capacidades psíquicas y la clarividencia al aumentar la intuición emocional. También se utiliza para la curación espiritual y para atraer la energía positiva. **Chakra:** Corazón.

Piedra de oro: Esta piedra brillante aumenta los sentimientos de seguridad y estabilidad. También disminuye los sentimientos de preocupación y ansiedad, a la vez que promueve la armonía y la confianza en uno mismo. La piedra de oro aumenta la energía y el coraje, y hace brillar una actitud positiva. Eleva el espíritu y fomenta la vitalidad mientras reduce la tensión emocional y física. **Chakra:** Raíz.

Hackmanita: Esta piedra se utiliza para fortalecer las facultades mentales, agudizar la lógica y fomentar la autoexpresión. Aumenta la confianza en uno mismo y refuerza la autoestima al tiempo que fomenta la creatividad. La hackmanita también permite al usuario estar más arraigado a sus sentimientos y, por tanto, ser capaz de expresar plenamente sus emociones sin miedo ni vergüenza. **Chakra:** Corona.

Healerita: Esta piedra de color serpentina también se conoce como "serpentina noble". Es conocida por sus poderes rejuvenecedores y se utiliza a menudo para sanar heridas emocionales e incluso físicas. La healerita es popular por sus poderes equilibradores. También actúa como fuente de energía. También está vinculada a los sentimientos de conexión y amor. **Chakra:** Todos, especialmente el del corazón.

Heliodoro: Es una piedra preciosa que se utiliza a menudo por sus poderes equilibradores. Se ha utilizado tradicionalmente para ayudar a controlar tanto el sistema inmunológico como el digestivo. También proporciona equilibrio al cuerpo físicamente. Cosas tan diversas como infecciones y reacciones alérgicas han sido tratadas con heliodoro. A nivel espiritual, la gema suele ser sinónimo de cuidado desinteresado. Se utiliza para mejorar la capacidad de liderazgo, mejorar la confianza, la fuerza y la asertividad. En general, el heliodoro se utiliza para mejorar la fuerza física y mental. **Chakra:** Plexo solar.

Hematita: Este mineral brillante y plateado se ha utilizado tradicionalmente para restaurar, fortalecer y regular el suministro de sangre del cuerpo. Incluso se ha dicho que ayuda a tratar enfermedades graves como la anemia, ya que apoya los esfuerzos de los riñones para regenerar los tejidos y ayuda a la absorción del hierro y los glóbulos rojos. Aparte de los usos médicos, en su forma de cristal, la hematita se utiliza para conectar a tierra al individuo, reforzando su concentración, mejorando la memoria y fomentando la creatividad y el pensamiento original. También se utiliza para reforzar la conexión del individuo con la Tierra y proporcionarle una sensación de seguridad. Posee cualidades magnéticas especiales que ayudan a equilibrar el cuerpo y, por tanto, a estabilizar el equilibrio. **Chakra:** Raíz.

Hemimorfita: Es una piedra azul única. La hemimorfita se utiliza para activar y alinear los cuatro chakras centrales del cuerpo con el fin de sanarlo tanto física como emocionalmente. También es excelente cuando se utiliza para fortalecer la capacidad de comunicación del individuo. También ayuda a limpiar y equilibrar el aura. La piedra también se asocia con la alegría, la felicidad y la energía positiva. También es una piedra protectora que ayuda a anular los pensamientos maliciosos y protege al usuario contra la manipulación. También se utiliza para aliviar la angustia y los sentimientos de ira. **Chakra:** Todos los chakras, especialmente el plexo solar.

Diamante herkimer: Esta piedra preciosa es sinónimo de luz pura, espiritualidad y energía vibrante. Dada su capacidad para potenciar una profunda conexión con la propia espiritualidad, es un elemento clave del trabajo onírico básico. El diamante herkimer está conectado con la intuición profunda y por ello permite al usuario acceder a sus sueños con lucidez. Se utiliza junto con algunas otras piedras para magnificar su frecuencia y es útil para producir energía vibratoria. También ayuda a limpiar los campos de energía que activan el aura e incluso se utiliza en algunas formas de magia wicca con el fin de cambiar de dimensión y expandir la propia realidad. El diamante herkimer es especialmente útil para los sanadores y los trabajadores de la luz. **Chakra:** Corona.

Howlita: Una piedra lisa que se presenta en varios colores, pero que está unida por una vena marmórea. La howlita se utiliza para la inspiración, la creatividad y la expresión artística. Se ha utilizado tradicionalmente para aliviar el peor síntoma del insomnio, que es la consecuencia de una mente hiperactiva plagada de ansiedad y preocupaciones. Es un calmante para el estrés y se utiliza por sus propiedades calmantes. También ayuda a mejorar la confianza en uno mismo, fortalece la ambición y ayuda a la capacidad del usuario para conseguirla. Además, refuerza la memoria, simula el deseo de conocimiento y sabiduría, y agudiza la memoria y la concentración. Dota al usuario de paciencia, elimina la rabia y minimiza el dolor y el estrés. La howlita es una piedra calmante que se utiliza para facilitar la comunicación, la conciencia y la expresión emocional. **Chakra:** Tercer Ojo.

Iolita: Esta piedra apoya las habilidades psíquicas y agudiza la visión interior del usuario. También es una piedra calmante que se utiliza a menudo para ayudar en la meditación. La iolita se asocia con la fuerza y se utiliza para estimular una sensación de calma y sanación en todo el cuerpo y la mente. Se utiliza para enraizar al individuo en su cuerpo y para mejorar la resistencia. Las personas que esperan salir de la codependencia también utilizan esta piedra, y crea una sensación de calma, aplomo y positividad. **Chakra:** Tercer ojo.

Jade: Esta gema es especialmente poderosa y puede ayudar a levantar la mente y el espíritu por igual. Tradicionalmente, se ha utilizado como una poderosa piedra limpiadora que elimina los pensamientos o sentimientos tóxicos del aura de la persona. También se ha utilizado para limpiar los órganos de las toxinas conocidas que residen en los riñones, la vejiga y el bazo. Además de sus propiedades médicas, el jade también se utiliza en la terapia con cristales por sus características calmantes y tranquilizadoras. Elimina el miedo y crea una sensación de confort. Como equilibra las emociones, ayuda al usuario a sentirse compasivo y benévolo. **Chakra:** Corazón.

Jaspe: Esta piedra se llama a veces "el nutriente supremo", ya que crea sentimientos de satisfacción de relajación y aporta tranquilidad al individuo. También ayuda a las personas a sentirse más compasivas, ya que refuerza su sentido de la empatía y les permite sentirse más cariñosos con los demás. En general, tiene fuertes propiedades curativas. Es excelente en momentos de estrés, ya que aporta tranquilidad y una sensación de plenitud al tiempo que absorbe la energía negativa. El jaspe es también una piedra equilibradora que fomenta la honestidad. También es útil para aquellos que desean fortalecer su capacidad de resolver problemas, mejorar sus habilidades organizativas, etc., ya que tiene el poder de librar al individuo de la energía negativa. **Chakra:** Raíz.

Azabache: Esta piedra negra en particular permite a los usuarios conectarse a tierra y romper con los patrones de comportamiento negativos. También se cree que trae buena suerte y una mayor sensación de claridad en tiempos difíciles. El azabache también se utiliza para limpiar el aura. **Chakra:** Raíz.

Kunzita: Esta piedra se asocia más a menudo con la alegría, ya que abre el corazón y la mente y fortalece y fomenta una comunicación más profunda entre ambos. También se cree que ayuda a curar el dolor de corazón y a calmar los nervios, por lo que es especialmente popular en momentos de angustia. **Chakra:** Corazón.

Lapislázuli: Los antiguos egipcios apreciaban especialmente esta piedra. La utilizaban para adornar joyas y con fines medicinales, ya que se creía que aliviaba las inflamaciones. Espiritualmente, se asocia con la fuerza, el valor, la realeza y la sabiduría. También se cree que refuerza el intelecto y ayuda a sentirse valiente. **Chakra:** Tercer ojo.

Malaquita: Es una piedra curativa que limpia las auras y activa los chakras del cuerpo para facilitar su viaje espiritual. Abre el corazón al amor incondicional al tiempo que fomenta la valentía, haciendo que el usuario se sienta más cómodo con la toma de riesgos y el cambio. Es útil para romper ataduras no deseadas y ayudar a las personas a salir de procesos de pensamiento poco saludables y de relaciones codependientes. **Chakra:** Corazón y garganta.

Piedra de luna: Es una piedra mágica asociada a la felicidad. Se cree que trae buena fortuna. También simboliza los sentimientos maternales, el desinterés y la crianza. Provoca sentimientos de amor, esperanza y perspicacia espiritual. Cuando se coloca una piedra de luna en una casa, trae abundancia, fomenta la sabiduría y trae nuevos comienzos. Aporta positividad y buena salud. **Chakra:**

Tercer ojo y plexo solar.

Nuummita: Un mineral único que se cree que une los reinos espiritual y físico, es conocido por proporcionar un canal a las energías transformadoras que permiten al usuario prosperar y lograr el crecimiento espiritual. La piedra también ayuda a desbloquear el tercer ojo y a activar las habilidades psíquicas. **Chakra:** Base.

Obsidiana: Esta es otra piedra que viene en varios colores. La obsidiana es un tipo de vidrio volcánico asociado con la purificación, la transformación y la realización personal. Es una piedra de conexión a tierra que fomenta un sentido de practicidad para el usuario, a la vez que fortalece su capacidad psíquica. La obsidiana es una piedra que suele estar relacionada con la metamorfosis o la transformación espiritual. También disuelve los bloqueos emocionales y alivia el dolor asociado a los traumas del pasado. **Chakra:** Base.

Peridoto: Esta gema se asocia con la sanación, la renovación, el renacimiento y también el crecimiento. También se cree que aporta una sensación de relajación y confort al tiempo que refuerza la intuición del individuo. También es útil para aquellos que necesitan encontrar algún tipo de relajación. **Chakra:** Plexo solar, corazón.

Cuarzo: Esta piedra viene en diferentes colores, pero - en general - comparten las mismas cualidades. Ayudan a imbuir al usuario de una sensación de armonía, energía, claridad, calma y amor. El cuarzo, ya sea claro o rosa, se asocia con la sanación y la mejora de las capacidades psíquicas. **Chakra:** Corona

Turquesa: Esta piedra está destinada a absorber la energía negativa y a estimular el espíritu creativo de su portador. También se asocia a la amistad y al fortalecimiento del amor platónico. Permite al portador sentirse seguro, protegido, optimista y relajado. **Chakra:** Corazón, garganta y tercer ojo.

Conclusión

Este libro se ha centrado en los cristales, las piedras preciosas y los minerales que pueden utilizarse con fines curativos. Muchas personas desconocen los beneficios de los cristales y los diferentes minerales. Son eficaces y pueden curar diversas afecciones. Esta guía fue escrita para proporcionar consejos y técnicas de sanación con cristales para los principiantes.

Si está interesado en dominar el arte de la sanación con cristales, esta práctica guía es una buena elección. Está dividida en tres secciones que cubren todos los elementos de la sanación con cristales que puede querer conocer. La primera parte cubre la teoría de los cristales y se centra en explicar cómo se desarrollan los cristales y cómo sanan. Al igual que otras herramientas de curación, los cristales se crean y son capaces de tratar diferentes condiciones.

Esta sección también explicaba en detalle cómo sanan los cristales y proporcionaba la teoría detrás de la curación energética. Para dominar el arte del uso de los cristales, hay que entender los componentes teóricos implicados antes de pasar a la práctica real. En la primera parte del libro, también se aprende sobre la teoría de la sanación con colores y chakras. Estos son los elementos básicos que debe conocer primero para poder comprender todo el proceso de tratamiento con cristales.

La segunda sección del libro se centra en los cristales para la sanación. Hay diferentes cristales destinados específicamente al cuerpo, la mente, el espíritu, la protección, las emociones y el hogar. Antes de comenzar una sesión de sanación, hay que entender el propósito de cada cristal en particular. Cuando un paciente acude a usted en busca de ayuda, debe ser capaz de decidir el cristal exacto que puede utilizar para resolver su problema. Este libro le proporciona toda la información que necesita saber sobre los cristales, los minerales y las piedras preciosas. También explica con detalle sus propiedades y funciones en el proceso de sanación.

En la última parte se hablaba de las técnicas de sanación con cristales que debe conocer cuando decida aventurarse en esta práctica. Se explicaron los diferentes pasos que debe dar antes de la sesión de sanación, como la limpieza de su espacio y de sí mismo. En el libro también se trataron otros componentes críticos sobre la sanación con cristales, como la creación de agua de cristal, la conexión con sus cristales y el equilibrio de los chakras con cristales.

Es crucial comprender los diferentes aspectos que intervienen en la sanación de los pacientes mediante el uso de cristales. Si quiere profundizar sus conocimientos en la sanación con cristales, este libro proporciona instrucciones paso a paso para mejorar sus habilidades.

Si es un principiante en la sanación con cristales, este libro práctico es una herramienta imprescindible. Cabe señalar que todo el proceso implica un montón de cosas diferentes a tener en cuenta para un principiante total. Así que, por esta razón, este libro le proporciona todo lo que puede querer saber antes de comenzar su viaje de sanación con cristales. También proporciona instrucciones prácticas a las personas que puedan estar interesadas en aventurarse en esta práctica. Para obtener los mejores resultados, asegúrese de volver a este libro cada vez que se sienta inseguro sobre cómo utilizar un cristal específico o si ha olvidado cómo realizar alguno de los procesos asociados a la sanación con cristales.

Vea más libros escritos por Silvia Hill

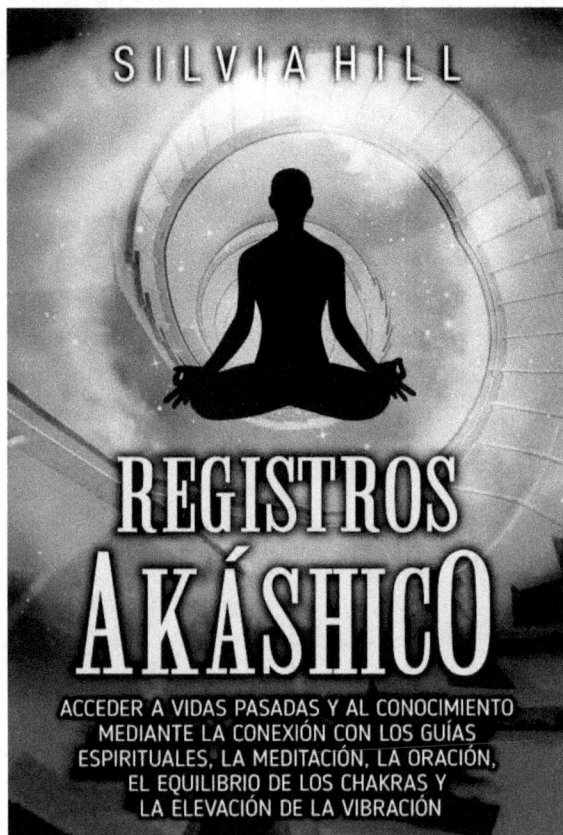

Referencias

Cómo se forman los cristales. (s.f.). Extraído del sitio web de Tiny Rituals: https://tinyrituals.co/blogs/tiny-rituals/how-crystals-are-formed

Cómo hacer cristales de hielo. (2008, 25 de junio). Extraído de la página web de Sciencing: https://sciencing.com/make-ice-crystals-2363465.html

Formación de las gemas: ¿Cómo se crean las piedras preciosas? (2018, 11 de septiembre). Extraído de la página web de la International Gem Society: https://www.gemsociety.org/article/gem-formation

¿Cómo se forman las piedras preciosas? (s.f.). Extraído del sitio web de Gem Rock Auctions:

https://www.gemrockauctions.com/learn/technical-information-on-gemstones/how-do-gemstones-form

Askinosie, H. (2020, 31 de enero). 8 formas menos conocidas de usar cristales en tu rutina diaria. Mindbodygreen. https://www.mindbodygreen.com/0-23590/8-lesserknown-ways-to-use-crystals-in-your-everyday-routine.html

Baklinau, A. (2021, 25 de octubre). Significado del cristal de Calcita: ¿Cuáles son las propiedades curativas de la Calcita? Artículos de conciencia. https://consciousitems.com/blogs/crystal-guides/calcite-crystal-meaning

Davis, F. (2021, 25 de enero). Cómo usaban los cristales las culturas antiguas y qué podemos aprender de ellos. Cosmic Cuts. https://cosmiccuts.com/blogs/healing-stones-blog/ancient-cultures-and-crystals

Estrada, J. (2018, 4 de noviembre). 8 formas de utilizar las piedras curativas para desencadenar grandes cambios en la vida. Well+Good. https://www.wellandgood.com/how-to-use-healing-stones

Estrada, J. (2019, 25 de octubre). Las formas de los cristales importan: esto es lo que significan y cómo amplificar su poder. Well+Good. https://www.wellandgood.com/crystal-shapes

Hughes, L. (2019, 1 de marzo). Qué son los cristales curativos y si realmente funcionan? Oprah Daily. https://www.oprahdaily.com/life/health/a26559820/healing-crystals

Jakim, E. (2014, 2 de diciembre). Cómo elegir Un cristal curativo adecuado para ti. Mindbodygreen. https://www.mindbodygreen.com/0-16394/how-to-choose-a-healing-crystal-thats-right-for-you.html

Kahn, N. (2019b, 23 de septiembre). Cómo usar los cristales para manifestar tus deseos. Bustle. https://www.bustle.com/life/how-to-charge-crystals-set-your-intentions-when-you-meditate-with-them-18788303

Nunez, K. (2020, 3 de septiembre). Piedra de Shungit: Propiedades curativas, beneficios, usos, más. Healthline. https://www.healthline.com/health/shungite

Shine, T. (2018, 10 de septiembre). Cómo limpiar los cristales: 10 maneras, además de consejos para la carga de la activación. Healthline. https://www.healthline.com/health/how-to-cleanse-crystals

Los beneficios de usar cuencos cantores de cristal. (2019, 5 de abril). Earth Crystals. https://www.earthcrystals.com.au/benefits-using-crystal-singing-bowls

El uso de los cristales en la antigua Grecia. (s.f.). Ayanaproducts.Com. Extraído de https://ayanaproducts.com/use-of-crystals-in-ancient-greece

Gonzo, W. (2020, 25 de marzo). Cristales que pueden y no pueden sumergirse en el agua. Vondechii's Bóveda. https://www.vondechii.com/post/crystals-that-can-cannot-be-submerged-in-water

Colegio de Acupuntura y Masaje. (s.f.). ¿Qué es el Qi? Definición de Qi en la Medicina Tradicional China. Amcollege.Edu. Extraído de https://www.amcollege.edu/blog/qi-in-traditional-chinese-medicine

Batavia, M. (2006). Qigong. En Contraindicaciones en la rehabilitación física (pp. 778-782). Elsevier.

Chowdhry, L. R. (2021). Curación pránica: El uso de la respiración con mantras curativos. B Jain.

Newman, T. (2021, 27 de julio). Reiki: ¿Qué es y qué beneficios tiene? Medicalnewstoday.Com. https://www.medicalnewstoday.com/articles/308772

¿Qué es el prana y cómo podemos sentirlo? (2020, 1 de junio). Blog de Insight Timer. https://insighttimer.com/blog/what-is-prana

Piedras del Chakra Coronario: 13 cristales esenciales para el Sahasrara. (s.f.). Tiny Rituals. Extraído de https://tinyrituals.co/blogs/tiny-rituals/crown-chakra-stones

Piedras del Chakra del Corazón: 16 cristales esenciales para expandir el amor. (s.f.). Tiny Rituals. Extraído de https://tinyrituals.co/blogs/tiny-rituals/heart-chakra-stones

IANS. (2020, 6 de agosto). La curación a través de los colores. The Times of India; Times Of India. https://timesofindia.indiatimes.com/life-style/health-fitness/home-remedies/healing-through-colours/articleshow/77387656.cms

Piedras del Chakra Raíz: Estos 11 cristales son cruciales para la curación. (s.f.). Tiny Rituals. Extraído de https://tinyrituals.co/blogs/tiny-rituals/root-chakra-stones

Piedras del Chakra Sacro: 11 piedras que marcan una gran diferencia. (s.f.). Tiny Rituals. Extraído de https://tinyrituals.co/blogs/tiny-rituals/sacral-chakra-stones

Piedras del Chakra del Plexo Solar: 11 cristales curativos que necesitas. (s.f.). Tiny Rituals. Extraído de https://tinyrituals.co/blogs/tiny-rituals/solar-plexus-chakra-stones

Piedras del Chakra del Tercer Ojo: 15 cristales imprescindibles para el Ajna. (s.f.). Tiny Rituals. Extraído de https://tinyrituals.co/blogs/tiny-rituals/third-eye-chakra-stones

Piedras del chakra de la garganta: 14 Cristales esenciales para limpiar los bloqueos. (s.f.). Tiny Rituals. Extraído de https://tinyrituals.co/blogs/tiny-rituals/throat-chakra-stones

9 cristales que pueden convertir tu casa en un "Santuario inmunológico". (2020, 24 de junio). Times of India. https://timesofindia.indiatimes.com/life-style/home-garden/9-crystals-that-can-turn-your-home-into-an-immune-sanctuary/articleshow/76532046.cms

Calmar y despejar el sistema nervioso. (s.f.). Gemisphere. Extraído de https://gemisphere.com/pages/calming-and-clearing-the-nervous-system

Ron, y Windred, S. (2016, 18 de abril). Dificultades respiratorias - curación con cristales. My CrystalAura. https://www.mycrystalaura.com.au/breathing-difficulties-crystal-healing

11 mejores cristales curativos para la ansiedad y el estrés. (s.f.). Shawacademy.Com. Extraído de https://www.shawacademy.com/blog/crystals-for-anxiety-and-stress

M., X. (2020, 31 de marzo). Los mejores cristales para el estrés y la curación emocional.

Villagerockshop.Com. https://www.villagerockshop.com/blog/the-best-crystals-for-stress-and-emotional-healing

Rekstis, E. (2018, 21 de junio). Cristales curativos 101. Healthline. https://www.healthline.com/health/mental-health/guide-to-healing-crystals

Hughes, L. (2019, 1 de marzo). Qué son los cristales curativos y si funcionan? Extraído de la página web de Oprah Daily: https://www.oprahdaily.com/life/health/a26559820/healing-crystals

Thomas, M. (2017, 6 de abril). Por qué a los jóvenes les gustan tanto los cristales curativos? Extraído del sitio web de Pacific Standard: https://psmag.com/news/why-are-young-people-so-into-healing-crystals

Stokes, V. (2020, 24 de noviembre). Cómo meditar con cristales: Cómo empezar, métodos y tipos. Extraído de la página web de Healthline: https://www.healthline.com/health/meditate-with-crystals

El poder de los cristales. (s.f.). Extraído de la página web de Bamford: https://www.bamford.com/uk/journal/the-power-of-crystals

6 de los mejores cristales para la protección: Significado y cómo usarlos. (2021, 27 de septiembre). Blog Truly Experiences. https://trulyexperiences.com/blog/crystals-for-protection

Skon, J. (2021, 20 de julio). 6 cristales para protegerse de la gente tóxica y la energía negativa. Mindbodygreen. https://www.mindbodygreen.com/articles/crystals-for-protection

Cho, A. (s.f.). Top 10 de cristales de Feng Shui. The Spruce. Extraído de https://www.thespruce.com/top-feng-shui-crystals-1274387

Rekstis, E. (2018, 21 de junio). Cristales curativos 101. Healthline. https://www.healthline.com/health/mental-health/guide-to-healing-crystals

Stokes, V. (2020, 24 de noviembre). Cómo meditar con cristales: Cómo empezar, métodos y tipos. Healthline. https://www.healthline.com/health/meditate-with-crystals

VOLTLIN. (s.f.). Vinculación y programación de sus cristales. VOLTLIN. Extraído de https://www.voltlin.com/pages/bonding-programming

Walters, M. (2021, 17 de septiembre). ¿Son reales los cristales curativos? Esto es lo que dice la ciencia. Healthline. https://www.healthline.com/health/healing-crystals-what-they-can-do-and-what-they-cant

Bunch, E. (2019, 3 de abril). 4 formas de establecer la intención correcta para tu hogar con una oración de limpieza. Well+Good. https://www.wellandgood.com/prayer-to-say-when-saging-your-house

Limpieza de tu espacio - ritual de sahumerios. (2020, 23 de marzo). CIVANA. https://civanacarefree.com/cleansing-your-space-smudging-ritual

Dundon, J. (2021, 1 de marzo). Limpia tu espacio: Eleva tu vibración por dentro y por fuera. Triyoga. https://triyoga.co.uk/blog/treatments/cleansing-your-space

Golden, J. (2020, 29 de enero). 7 sencillas herramientas para limpiar la energía negativa de tu espacio. Mindbodygreen. https://www.mindbodygreen.com/0-17791/7-simple-tools-to-clear-negative-energy-from-your-space.html

Moore, B., Adams, H., Young, W., y Ballard, J. (2018, 10 de septiembre). 5 prácticas que utilizan los sanadores energéticos para limpiarse a sí mismos. Yoga Journal. https://www.yogajournal.com/lifestyle/5-practices-energy-healers-use-to-clear-themselves

Pregúntale a tu péndulo. (s.f.). Cómo utilizar un péndulo. Pregúntale a tu péndulo. Extraído de https://askyourpendulum.com/pages/how-to-use-a-pendulum

Radiestesia con péndulo - una introducción al uso de un péndulo. (s.f.). Tienda Holística. Extraído de https://www.holisticshop.co.uk/articles/guide-pendulum-dowsing

Equilibrio de chakras con péndulo. (s.f.). Mirrorwaters.Com. Extraído de https://mirrorwaters.com/reflections_3

Stokes, V. (2021, 9 de junio). Limpia, aclara y energiza con el poder curativo del cristal de selenita. Healthline. https://www.healthline.com/health/mind-body/selenite-properties

Agua de Gema: Propiedades curativas, usos, significados y datos. (s.f.). Extraído del sitio web de Gemstone Well: https://gemstonewell.com/blogs/news/gem-water

Mackie, G. (2019, 21 de marzo). Cómo crear agua de gemas (agua infundida con cristales/elixires de cristales). Extraído de la página web de Crystals Rock Australia.: https://www.crystalsrock.com.au/blogs/crystals-rock-blog/how-to-create-gem-water-crystal-infused-water-crystal-elixirs

Mongiat, H. (2016, 6 de diciembre). Cómo hacer agua infundida con cristales. Extraído de la página web de Molly With Love: https://frommollywithlove.com/2016/12/06/how-to-make-crystal-infused-water

Cómo hacer una rejilla de cristal. (2020, 30 de enero). Extraído de la página web Thenowmassage.com: https://thenowmassage.com/how-to-make-a-crystal-grid

Mildon, E. (2021, 23 de febrero). Haz una rejilla de cristal para cada intención con esta guía de 4 pasos. Extraído de la página web de mindbodygreen: https://www.mindbodygreen.com/articles/crystal-grid-how-to

Fisher, J. (2020, 27 de febrero). Rejillas de cristal 101: Cómo hacer una rejilla de cristal para sobrealimentar tu vida. Extraído de la página web de Sage Crystals: https://sagecrystals.com/blogs/news/crystal-grids-101-how-to-make-a-crystal-grid

Cómo hacer una rejilla de cristal: La guía fácil paso a paso. (s.f.). Extraído de la página web de Betterley: https://www.betterly.com/uk/blog/how-to-make-crystal-grid

Abram, C. L. (2021, 14 de junio). Cómo limpiar, activar y almacenar tus cristales. Mindbodygreen. https://www.mindbodygreen.com/0-14887/how-to-clear-activate-store-your-crystals.html

www.ingramcontent.com/pod-product-compliance
Lightning Source LLC
LaVergne TN
LVHW020354090426
835511LV00041B/3048